Wolfsspuren

*»Die Welt ist wie ein Buch.
Wer nicht reist, liest nur eine Seite davon.«*

~ frei nach Aurelius Augustinus (354 - 430) ~

Wolf Stein

Wolfsspuren

Abenteuer Kanada

Bibliografische Information der Deutschen Nationalbibliothek
Die Deutsche Nationalbibliothek verzeichnet diese Publikation in der
Deutschen Nationalbibliografie; detaillierte bibliografische Daten
sind im Internet über http://dnb.d-nb.de abrufbar.

Wolf Stein
Wolfsspuren
Abenteuer Kanada

Berlin: Pro BUSINESS 2014

ISBN 978-3-86386-667-9

3., überarbeitete Auflage 2014

© 2014 by Pro BUSINESS GmbH
Schwedenstraße 14, 13357 Berlin
Alle Rechte vorbehalten.
Produktion und Herstellung: Pro BUSINESS GmbH
Gedruckt auf alterungsbeständigem Papier
Printed in Germany
www.book-on-demand.de

Inhalt

Vorwort..7
Ein Schiff wird kommen 9
Verloren auf dem West Coast Trail.................27
Touristenschwemme..41
Die Rangerabzeichensammlung.....................45
Team Awesome und der Slave River.............51
Wie der Zufall es so will...................................63
Von Bären und Bibern......................................71
Die indianische Schwitzhütte.........................81
Bill und der Yukon..91
Jagdsaison in Alaska.......................................101
Aurora Borealis..109
Rae-Edzo...115
East Hastings Street..125

Vorwort

Kanada! Groß und großartig. Wald und Wasser in allen Variationen. Berge, Täler, unendlich weites Land. Ziel für Abenteurer aus aller Welt und Traum vieler Auswanderer. Auch mich zog es für mehrere Monate auf eine wilde Reise durch die wilde Natur. Ich wollte Bären sehen, Indianer treffen, die Nordlichter bestaunen, Land und Leute kennen lernen oder anders gesagt: Einfach mal wieder raus ins Freie!

Und insgeheim hoffte ich auch auf eine Begegnung mit einem Wolf. Nicht nur weil dies eine äußerst seltene Fügung des Glückes ist, sondern auch weil mein Name mich unzertrennlich mit diesem scheuen, intelligenten Jäger verbindet. Einmal in Kanada angekommen, war ich schnell über den Punkt hinaus, an dem man beginnt, sich in ein Land zu verlieben. Ich habe Dinge erlebt und gesehen, die man für Geld nicht kaufen kann, Menschen getroffen, die schon nach wenigen Sekunden einen bleibenden Eindruck hinterlassen. Doch auch die Probleme des Landes blieben mir nicht verborgen.

Wolfsspuren - das sind unzählige mit dem Van gefahrene, mit dem Kanu gepaddelte und zu Fuß zurückgelegte Kilometer, Abenteuer und Geschichten ...

MILES CERTIFICATE

Hereby I certify **Mr. Wolf Stein**
voyage No. "78 W" on
M/V "Canada Senator"
from 13th to 26th June 2007.

*From the port of **Genoa** via the port of **Fos sur mer**, the **Westmediterranean Sea**, the **Strait of Gibraltar**, the **North Atlantic Ocean** and the **St. Lorenz** to the port of **Montreal***

he covered a distance of **4168 nautical miles**.

CANADA SENATOR in front of Citadel of Quebec

Montreal, 26th June 2007

Captain F. Stellmacher

Ein Schiff wird kommen

*Hereby I certify **Mr. Wolf Stein**, voyage NO. "78 W" on **M/V "Canada Senator"** from 13th to 26th June 2007. From the port of **Genoa** via the port of **Fos sur mer**, the **Westmediterranean Sea**, the **Strait of Gibraltar**, the **North Atlantic Ocean** and the **St. Lorenz** to the port of **Montreal** he covered a distance of **4168 nautical miles**.*

Montreal, 26th June 2007

... so steht es in meinem von Kapitän Stellmacher höchstpersönlich unterschriebenen, offiziell abgestempelten und freudig überreichten Meilenzertifikat, das ich, neben vier weiteren Passagieren der M/V Canada Senator, am 26. Juni 2007 im Hafen der ostkanadischen Metropole Montreal aufgeregt entgegennahm. Hinter uns lag eine spannende zweiwöchige Schiffsreise von Italien nach Kanada - nicht etwa auf einem schwimmenden Einkaufs- und Unterhaltungstempel mit allem möglichen Schnickschnack und Rambazamba, nein, etwas unluxuriöser und einfacher auf einem richtigen Containerschiff.

Ja, das ist sie, die M/V Canada Senator, ein 202 Meter langer Riese aus Eisen. Was Echtes, was Handfestes! Nichts für Leute, die auf hoher See lieber ein neues Handtäschchen erwerben oder mit Genuss im Casino ihre Kohle zum Schornstein rausblasen, anstatt die frische Meeresluft an Deck einzuatmen, hautnah das Auf und Ab der Wellen zu spüren und begeistert dem weit entfernten Sonnenuntergang entgegen zu schippern. Zweitausend Container á 20 Fuß und 36 Mann Besatzung befördern Waren aus aller Welt von Europa nach Nordamerika und wieder zurück. Und jeweils fünf Passagiere. Mehr sind nicht erlaubt. Man braucht jedoch Nerven und eine gewisse Gelassenheit, wenn man sich auf solch eine Überfahrt einlässt. Die kann übrigens ganz einfach im Internet unter dem Begriff Frachtschifftouristik gebucht werden. Abfahrt- und Ankunftsdatum sind aber keineswegs sicher. Der Mitreisende muss sich bewusst sein, dass nicht er, sondern die zu befördernde Ladung im Mittelpunkt steht. Warten auf Ein- und Ausfuhrgenehmigungen, Beladen, Entladen, Streiks, die allgemeine Wetterlage, technische Schwierigkeiten - all diese Faktoren können zu Verzögerungen führen. Zeitliche Abweichungen im Reiseplan sind deshalb keine Seltenheit. Ich konnte jedoch nicht ahnen, dass es gerade mich dermaßen hart treffen würde.

Zunächst sollte unser Frachter am 03. Juni vom Containerterminal im Stadthafen von Genua ablegen. Das Stechen in die See verschob sich aber aufgrund eines Sturms im Nordatlantik und einer kurzzeitigen Arbeitsniederlegung der Hafenbelegschaft in Frankreich um mehrere Tage auf Samstag, den 09. Juni. Dies wurde mir in einer Informations-E-Mail ausführlich erklärt. So weit, so gut. Hotel umgebucht! Flug umgebucht! Am Donnerstag, dem 07. Juni, flog ich mit meiner Freundin Anne nach Genua. Anne wollte mich dort drei Tage begleiten und dann mit dem Schiff wegfahren sehen.

Doch alles kam anders.

Nach weiteren zwei Tagen Aufenthaltsverlängerung ihrerseits verabschiedete sie nicht mich am Hafen, sondern ich sie unter Tränen am Bahnhof. Sie fuhr zurück nach Deutschland. Einer musste ja schließlich Geld verdienen. Noch immer war nicht klar, wann die Canada Senator endlich einlaufen würde. Selbst ständiges Nachfragen in der ortsansässigen Agentur brachte mich nicht wirklich weiter.

»Voraussichtlich am Dreizehnten«, hieß es nun. »Ach ja ... und das Hafenterminal hat sich übrigens geändert. Sie müssen jetzt nach Voltri.«

Na toll! Anne hatte unser Hotel extra so gebucht, dass ich praktisch aus der Schwingtür direkt auf das Schiffsdeck gefallen wäre. Jetzt wurde ich auch noch zu einer 25minütigen Zugfahrt gedrängt, denn Voltri liegt weit außerhalb der Stadt. Wie schon gesagt: Fracht vor Passagier!

Auf den 13. Juni hoffend, tingelte ich etwas gelangweilt durch Genuas Stadtviertel und klagte Anne per Telefon mein Leid. Die italienische Stadt hat zwar einiges an Attraktionen zu bieten, Wurzeln schlagen wollte ich hier jedoch nicht. Schon gar nicht bei dieser Affenhitze. Abends saß ich auf der Dachterrasse des Agnello Doro Hotels und beobachtete sehnsüchtig das Hafengeschehen. Große Fähren fuhren unter Vollbeleuchtung ein und aus, Segelboote, Motorjachten und Containerschiffe. Nur eben nicht mein Containerschiff. Doch alles Warten hat irgendwann ein Ende und das nicht nur im Märchen. Es war unglaublich - wie vorausgehofft, erhielt ich an einem Mittwoch, es war tatsächlich der 13. Juni, den Befehl, an Bord zu gehen. Oder besser gesagt: Die Erlaubnis, an Bord gehen zu dürfen.

Ein leichtes Grinsen zierte mein verschwitztes Gesicht, als ich mit Sack und Pack den von Containern nur so überquellenden Hafen in Voltri erreichte.

»Wo ist mein Schiff?« dachte ich. »Wo? Oder war alles doch nur ein Witz? Die Hoffnung stirbt zuletzt!«

Wenig später schlängelte sich ein Shuttle der Hafeninformation durch das endlos scheinende Labyrinth aus gestapelten Frachtbehälterburgen. Mit mir als Beifahrer.

Dann lag sie vor mir im Dock. Zwei gigantische Lastkräne fuhren auf Schienen parallel zur Canada Senator. Ich stieg die wackligen Stufen der Schiffsleiter hinauf. Überall rannten Arbeiter mit Helmen umher. Manche grüßten kurz. Punkt 15 Uhr meldete sich Passagier Stein auf der Brücke - bereit zum Ablegen. Aber so weit war es noch lange nicht. Die italienischen Hafenarbeiter waren ein Verein für sich. Ihr Motto: Belade ich heute nicht, belade ich morgen nicht, und übermorgen vielleicht auch nicht. Nur immer schön entspannt bleiben. Diese Arbeitseinstellung war auch der Grund dafür, dass der Frachter bereits ganze zwei Tage in Sichtweite vor Anker gelegen hatte und nicht anlanden durfte. Das erfuhr ich von Sylvia und Holger aus Österreich, zwei meiner Passagierkollegen, deren Hotel sich direkt in Voltri befand. Von dort aus konnten sie das Geschehen mit dem Fernglas genau beobachten.

»Das muss man sich mal vorstellen!« sagten sie. »Da hat man tagelang dieses blaue Schiff, auf das man so lange warten musste, direkt vor der Nase und kann nicht drauf. Wir wären fast verrückt geworden.«

Jeder hatte seine eigene Geschichte des Wartens. Neben Sylvia und Holger kamen noch Marco und Nina an

Bord, ein junges Pärchen aus der Schweiz. Während Sylvia und Holger ihr gesetztes Alter genossen und jeden Sommer in ihrer kleinen Hütte in Ontario verbrachten, wollten Marco und Nina es wissen. Sie waren auf Weltreise - mit dem Fahrrad! Die beiden hatten bereits die Strecke über Frankreich bis nach Italien auf ihren teuren Drahteseln hinter sich gebracht. Zwei Jahre lang wollten sie in die Pedale treten. Doch da man mit dem Fahrrad, oder dem Velo, wie es in der Schweiz heißt, bekanntlich nicht über das Wasser fahren kann, waren sie auf dem Schiff gelandet.

Wir alle besaßen eine Gemeinsamkeit: Aus Abenteuerlust und Neugier hatten wir uns für diese eher unkonventionelle Art des Reisens entschieden. Mal was anderes eben.

Nach dem ersten Kennenlernen brachten alle ihre Koffer auf Kammer, wie man seemännisch sagt. Auf Deck herrschte reges Treiben. Wir mussten uns erst einmal allein beschäftigen, bevor wir offiziell begrüßt wurden. Als ich die Tür meiner Einzelkabine 413 öffnete, fielen mir fast die Augen raus. Nicht vor Schreck über die Winzigkeit der Kajüte, sondern weil ich nicht glauben konnte, was für ein geräumiges, gemütlich eingerichtetes Zimmer sich dahinter verbarg. Hier konnte ich es leicht aushalten - bequeme Holzmöbel, zwei Fenster nach Steuerbord, sogar frisches Obst auf dem Tisch. Fast zu viel des Guten, schließlich hatte ich gerade noch über die feinen Damen und Herren auf ihren Luxuslinern gespottet. Später fand ich heraus, dass das überschwängliche Platzangebot den Nachwehen des Kalten Krieges zu verdanken war. Die M/V Canada Senator wurde 1992 in Polen gebaut. Sie war nicht nur als Frachtschiff, sondern gleichzeitig auch als Truppentransporter konzipiert worden. Um mangelnde Raumfreiheit brauchten wir uns somit keine Sorgen zu machen. Dies nur als kleiner Insidertipp für Menschen mit Klaustrophobie.

Der Rest des ersten Tages verging wie im Flug. Irgendwann sammelte uns der Sicherheitsoffizier ein, belehrte uns und startete seinen Schiffsrundgang.

»Hier ist die Offiziersmesse. Dort essen auch Sie. Essenzeiten stehen da drüben auf dem Plan. Getränke, Süßigkeiten und so weiter können Sie hier kaufen. Und jetzt weiter in den Wäscheraum.«

Wir folgten gehorsamst. Es ging unter Deck. Nicht weit vom Wäscheraum entfernt befand sich das Sportstudio - wenn man es so nennen will - bestückt mit einer alten Tischtennisplatte, ein paar selbstgebastelten Hanteln, alten Fitnessgeräten, einer separaten Sauna und einem einfachen Pool, der regelmäßig mit frischem Meereswasser gefüllt wurde. Wir fragten, ob so eine Ausstattung auf Containerschiffen Standard sei.

»Nein, nicht unbedingt. Vieles ist dem Kapitän zu verdanken. Aber auch sonst ist die Senator eines der angenehmeren Schiffe. So was braucht man, wenn man monatelang zur See geht.«

Das stimmt wohl. So vollkommen ist keine Seefahrerromantik, dass man sich nicht über ein wenig Ablenkung und Annehmlichkeit nach getaner Arbeit freut.

Im Anschluss an die Führung begrüßte uns der Kapitän. Er wünschte uns einen angenehmen Aufenthalt. Wir waren uns sicher, den würden wir haben.

Es freute mich, dass die Chemie zwischen uns Passagieren stimmte. Hätten ja auch alles komische Vögel sein können. Noch mehr freute mich jedoch, dass es endlich zum Abendbrot ging. Neben der reichhaltigen Hausmannskost, die uns das Küchenteam Ariel, Glen und Nick von nun an täglich kredenzte, gab es in der Messe die Gelegenheit, die Mannschaft unter die Lupe zu nehmen. Zumindest den deutschen Teil. Denn die Offiziere waren alle deutscher Herkunft, genauso wie die Schiffsmechaniker, der Praktikant und die sechs Auszubildenden. Der Rest der Besatzung bestand aus philippinischen Arbeitern, die in der separaten Mannschaftsmesse speisten. Dies rief sofort meinen Gerechtigkeitssinn auf den Plan. Zunächst richtete sich mein Verdacht auf empörende Rassentrennung. Doch auf Nachfrage wurde ich beruhigt. Es sei eine absolute Ausnahme, die aufgrund der Auszubildenden getroffen wurde, dass die Mannschaft mit in der Offiziersmesse essen darf. Und die Philippinos würden lieber unter sich bleiben.

Nun ja, ich konnte es ihnen nicht verdenken. Ich glaube im philippinischen Speisesaal herrschte mehr Stimmung als im deutschen. Das war schon eine lustige und freundliche Truppe, wenngleich in der Rangordnung ganz unten angesiedelt. Die philippinischen Arbeiter liebten das Karaokesingen und gaben sich ihrer Liebe mit ungezügelter Leidenschaft hin. Jeden Abend sangen sie sich vor dem Fernseher im Freizeitraum die Seele aus dem Hals, zu Schnulzen und Schmusliedern aus den alten und glorreichen Zeiten der Popgeschichte. Mit einem Ehrgeiz und einer Inbrunst, jedes Frauenherz wäre zu Tränen gerührt dahin geschmolzen. Oder hätte Tränen gelacht. Es war eine unbeschreibliche Mischung aus Charme und Witz. Alles in allem verstand sich die Mannschaft sehr gut. Jeder schien mit seinem Gegenüber klarzukommen. Auch Kapitän Stellmacher war bei allen beliebt.

In der ersten Nacht schlief ich sehr unruhig in meiner Koje. Sylvia, Holger und Co ging es genauso. Ständig donnerte es draußen. Das Schiff wackelte. Dabei lagen wir noch im Hafen. Schuld waren die Italiener, die wohl lieber nachts arbeiteten als tagsüber. Vielleicht mussten sie auch durcharbeiten, um überhaupt mit dem Be- und Entladen fertig zu werden.

Der nächste Tag brachte wiederum viel Neues - nur keine Abfahrt, jedenfalls nicht sofort. Dafür jedoch die Erfahrung, dass es in der Seefahrt immer noch gang und gäbe ist, den Bordmüll ins offene Meer zu kippen, wenn man nur weit genug vom Festland entfernt ist. Erschreckend! Frachter aus aller Herren Länder kippen also regulär alles, was nicht mehr gebraucht wird, über Bord. Auch hier bildete die Canada Senator zum Glück eine Ausnahme. Deutsche Schiffe unterliegen strengen Regelungen in Bezug auf die Entsorgung des eigenen Abfalls. Weiterhin lernten wir, welche ungeheure Logistik hinter der ganzen weltweiten Containerwirtschaft steckt.

Am Abend waren sich alle einig, dass es doch nun bald mal losgehen müsse. Wäre von Anfang an alles ohne Verzögerungen verlaufen, hätten wir jetzt schon fast in Kanada angelegt. Um 23:30 Uhr änderte das immer gegenwärtige, leichte Dröhnen an Bord plötzlich seine

Intensität. Wir saßen gerade beim gemeinschaftlichen Kartenspiel auf Kammer, als sich die Sicht aus Holgers und Sylvias Fenster merklich änderte. Die strahlenden Lichter der Stadt zogen langsam vorbei. Nein! Waren wir wirklich dabei, abzulegen? Uns hielt nichts mehr auf unseren Stühlen. Alle stürmten raus auf das Oberdeck. Wir standen sprachlos im Wind. Gespannt beobachteten wir das Ablegemanöver. Zwei Lotsenboote gaben die Richtung vor. Ein kleiner Lichtkegel war alles, was von Genua übrig blieb. Der Nachthimmel präsentierte sich sternenklar. Die Luft roch nach Treibstoff. Die Maschine beschleunigte langsam aber sicher auf Reisegeschwindigkeit. Der Gegenwind ließ unsere Haare und Jacken flattern. Blickten wir direkt in Fahrtrichtung, mussten wir die Augen zukneifen. Es wurde richtiggehend frisch. Zufrieden zogen wir uns in unsere Kojen zurück und träumten von dem, was uns in den nächsten zwei Wochen wohl alles widerfahren würde. Das Schönste war jedoch, überhaupt endlich in See gestochen zu sein. Schiff ahoi!

So ging es durch das nördliche Mittelmeer geradewegs bis nach Fos sur mer in Frankreich. Bei den Franzosen ging alles blitzschnell. Am späten Vormittag eingelaufen, am Abend bereits wieder ausgelaufen - wieder mittels zweier hilfreicher Lotsen, wieder unter den neugierigen Augen von uns Passagieren.

Nachts leuchtete die Venus am Himmel. Neben ihr stand ein wunderschöner Sichelmond. Als Höhepunkt schossen unzählige Sternschnuppen am Firmament entlang.

In der Meerenge von Gibraltar verharrte ich am folgen-

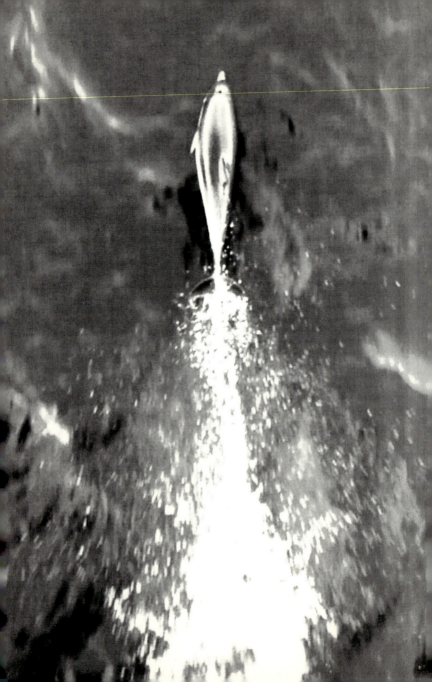

den Tag stundenlang am Bug. Ich wartete auf Delphine. Die werden dort häufig gesichtet. Meine Geduld wurde mehr als belohnt. In kleinen und großen Gruppen kamen sie von Backbord und Steuerbord angeschwommen und sprangen in der vorwärtspeitschenden Bugwelle umher. Es schien den Delphinen ein wahres Vergnügen zu sein. Die Begegnung mit ihnen war es mir ebenso.

Bald darauf war kein Land mehr in Sicht. Überall nur Wasser. Ich machte mich mit den sechs Lehrlingen bekannt - alles Kerle. Bei einem Namen kam ich allerdings ins Stutzen.

»Und wie heißt Du?« fragte ich einen der Azubis, der mit einer Flasche Bier im Gang saß. Es war spät abends, weit nach Schichtende, also kein Problem mit dem Bier.

»Daniela«, lautete seine Antwort.

»Daniela? Oh bestimmt ein italienischer Name, oder?«

»Nee, wieso?« fragte er.

Ich antwortete, dass Daniela meiner Meinung nach als Männername nur in Italien vorkäme und in Deutschland nur Frauen so hießen.

»Äh, Moment«, sagte Daniela, »ich bin doch ne Frau!«

»Upps!«

Leicht irritiert musterte mein verdutzter Blick Danielas Erscheinung.

»Das hätte sie aber draufschreiben müssen«, dachte ich, versuchte nun aber schleunigst, nicht noch mit dem zweiten Fuß ins Fettnäpfchen zu treten.

»Na ja! Sag ich doch! Prost!«

Was Besseres fiel mir nicht ein. Ich hoffe, Daniela hat

es mir nicht zu übel genommen. Dann fragte ich sie, wie das so sei als einziges Mädel unter all den Männern, obwohl es ja eigentlich gar nicht auffiel.

»Nicht immer leicht, soviel steht fest«, meinte sie.

Daniela feierte auf dieser Reise ihren Geburtstag. Sie lud alle zu einer Partysause ein. Und wie wurde da wohl gefeiert? Mit Bier, Sekt, Häppchen für den kleinen Hunger und natürlich ... mit Karaoke! Die philippinischen Kollegen drehten voll auf, sangen sich in Ekstase und machten den Abend unvergesslich.

Die Tage auf dem Atlantischen Ozean vergingen schneller als gedacht. Wir verbrachten die Zeit mit Sport, Tischtennis, Lesen, Essen, Schlafen, Sauna, Erzählen, DVD-Abenden, Meeresbeobachtungen, diversen Schiffsführungen und im Pool. Dessen Wellengang passte sich dem Schwanken des Schiffes an. Herrschte raue See, entwickelten sich im Pool kräftige Wellen. Beschweren konnten wir uns jedoch nicht. Neptun meinte es gut mit uns. Dank des guten Wetters wurde niemand seekrank. Nur hin und wieder schaukelte es etwas kräftiger. Je nach Schlagseite gestaltete sich das Treppensteigen mal leichter, mal schwerer. Anfangs hatten wir Passagiere uns noch einen Sturm gewünscht, zumindest einen klitzekleinen, nur um es mal miterlebt zu haben. Doch als die Matrosen uns Bilder und Videos des letzten Märztaifuns im Atlantik zeigten, waren wir überzeugt, auch ohne Sturm leben zu können. Die Wellen, die wir zu sehen bekamen, schlugen mit solcher Wucht gegen das Schiff, dass die Gischt weit über die obersten Container spritzte. Auf Deck standen jeweils vier davon übereinander! Außerdem schaukelte der 202-Meter-Frachter wie eine Nussschale auf und ab. Die Mannschaft verbrachte zwei Tage festgeschnallt in den Kojen. Das gewaltige Ausmaß des Wetterextrems bezeugten massive Schäden in der Bugreling - beindicker Stahl, verbogen wie Maschendraht. Unglaublich, welche Kraft aufgepeitschtes Wasser entwickeln kann. Von einem Sturm hatten wir damit genug gesehen, noch dazu als wir erfuhren, dass wir uns auf dem ungefähren Kurs der Titanic befanden. Beruhigend für mich war, dass sich das Rettungsboot direkt neben meiner Kabine befand.

Nicht satt sehen konnten wir uns an der untergehenden Sonne. Fast jeden Abend erlosch der rote Feuerball allmählich im Meer, um am Tag darauf wie neu entzündet wieder aus ihm emporzusteigen. Nur ein paar vernebelte Tage trübten die ansonsten perfekte Wetterbilanz.

Jeden Morgen tickten die Uhren anders auf der Canada Senator. Das lag daran, dass ab Mitte der Reise jede Nacht die Zeit um eine Stunde zurückgestellt wurde. So konnten wir uns langsam und problemlos an den Zeitunterschied zwischen Zentraleuropa und Ostkanada gewöhnen. Obgleich Tag für Tag eine Stunde hinzukam, die Zeit verging viel zu schnell. Und obwohl der Küchenchef bereits damit begonnen hatte, den wöchentlichen Menüplan wieder von vorn zu kochen, was einigen Vollzeitmatrosen aus der Mannschaft schon zum Hals raushing, gab es von Langeweile keine Spur. Unsere fünfköpfige Reisegruppe erlangte Zutritt zu den heiligen Hallen des Maschinenraumes - unter persönlicher Führung des 1. Ingenieurs. Was für eine Ehre! Die graue Eminenz, wie wir ihn nannten, hatte sich tagelang betteln lassen. Ein ganz schöner Sturkopf. Einer, der alles konnte und alles wusste. Kein einfacher Mensch. Aber seine Führung war gut. Mit Hörschutz bewaffnet schlichen beziehungsweise hetzten wir durch die Gänge hinter ihm her. Überall ratterte und dampfte es. Wenn die graue Eminenz uns etwas ins Ohr schrie, verstanden wir meistens nur die Hälfte. Allein der Motor des Eisenriesens war knappe 14 Meter hoch, wie ein Haus. Die Antriebsschraube brachte es auf 8 Meter im Durchmesser. Angeblich gibt es nur noch vier Maschinen dieser Bauart weltweit. Im Kontrollraum sah es aus wie in der Schaltzentrale eines Atombunkers zu Zeiten des Kalten Krieges.

»Ich erzeuge hier so viel Energie, dass ich locker eine ganze Großstadt versorgen könnte«, sagte der Herr der Maschinen. »Satte 45 Minuten braucht das Schiff, um volle Fahrt aufzunehmen. Und 40 Minuten, um zum völligen Stillstand zu kommen.«

Das hieß übersetzt: Alle anderen sollten lieber ausweichen und sich nicht mit der Canada Senator und deren 1. Ingenieur anlegen.

Ein ganz anderes Kaliber als die graue Eminenz war der Schiffsmechaniker Bernd. Auch ein waschechter Seemann, den wir nur den Seebären nannten - kräftig, mit Vollbart und immer eine spannende Geschichte aus vergangenen Zeiten auf Lager. Wie die, als er die Besatzung eines im Sturm untergegangenen Holzfrachters retten musste. Damals wäre er fast draufgegangen. Die langen Baumstämme rissen sich unter Wasser durch den natürlichen Auftrieb nach und nach los und schossen wie riesige Pfeile aus den Wellen.

»Hätte uns irgendeiner dieser Stämme getroffen, wäre Ruhe im Karton gewesen«, sagte Bernd mit weit geöffneten Augen.

Wir fragten den Seebären, wie groß die höchsten Wellen waren, die er je zu Gesicht bekommen hat.

»Die waren 18 Meter hoch. Das ist faszinierend, aber nicht schön.«

»18 Meter! Meine Güte!«

Bernd schien in Ordnung. Von ihm konnte man viel über die Seefahrt lernen. Nicht umsonst war er Ausbilder der Lehrlinge und gleichzeitig zuständig für die gerechte Verteilung der an Bord befindlichen DVD-Sammlung. Eines Abends sahen wir uns mit ihm den auf hoher See sehr passenden Film `Der Untergang der Pamir´ an. Der Klassiker trieb Sylvia leichte Schweißperlen auf die Stirn.

Unserem Freund, der grauen Eminenz, trieb etwas ganz anderes den Schweiß auf die Stirn, nämlich dass wir mit nackten Füßen die Messe zum Essen betraten. Dies wurde an Bord nicht gern gesehen. Wir fünf wussten das natürlich nicht, sind die erste Zeit immer barfuß mit Sandalen zur Mahlzeit stolziert und haben uns über diejenigen lustig gemacht, die mit kurzen Hosen, Sandaletten und hohen schwarzen oder weißen Strümpfen bekleidet angerannt kamen. Das sah schon ulkig aus. Dezent auf unseren unangepassten Kleidungsstil hingewiesen, wurden wir bei einem gemeinsamen Bier am Abend.

»Also von jetzt an immer Socken tragen! Aber bloß keine grünen!« sagte der 1. Ingenieur.

»Wieso denn das?« fragte Nina.

Die Antwort hatte etwas mit dem Klabautermann zu tun, dem guten und hilfreichen Geist der Schifffahrt.

»Der trägt nämlich grüne Socken und hat grüne Zähne. Und wenn man den Klabautermann sieht, ist es zu

spät. Der Klabautermann zeigt sich nur, wenn das Schiff untergeht. Grüne Socken bringen den Tod auf See. So sieht es aus.«

Ob Seemannsgarn oder nicht, keiner von uns wollte dem Klabautermann begegnen. Zum Glück hatte niemand von uns grüne Strümpfe im Gepäck.

Der beste Teil der abenteuerlichen Überfahrt lag vor uns: Der St. Lorenz Strom. Unser Kurs führte vorbei an Neufundland, hinein in die Mündung des Flusses und immer weiter stromaufwärts bis nach Montreal. Wale kreuzten unseren Weg - Belugas, Grauwale und Orkas. Es ging unter gigantischen Brücken und Starkstromleitungen hindurch, vorbei an der Stadt Quebec, an Wäldern, kleinen Häuschen und Leuchttürmen. Das Ufer kam näher und näher, so nah, dass es ein Leichtes war, den Leuten in die Fenster zu gucken. Man stelle sich das bildlich vor: Man sitzt gemütlich im Garten bei Kaffee und Kuchen, plötzlich fährt ein stattliches Containerschiff an einem vorbei und die Passagiere winken einem freundlich zu. So eng wird es auf dem St. Lorenz.

Am 26. Juni hatten wir es geschafft. Montreal empfing uns bei herrlichstem Sonnenschein. Wir standen oben auf dem Sonnendeck. Der Zoll kam an Bord. Die Beamten fragten, ob alles ordnungsgemäß verlaufen sei, gaben jedem von uns einen Stempel in den Reisepass und entließen uns in die Freiheit. Kapitän Stellmacher drückte uns die Meilenzertifikate in die Hände. Ich verabschiedete mich von ihm, von Holger, Sylvia, Marco, Nina, dem Seebären und der Mannschaft. Einige Adressen wurden ausgetauscht. Dann ging ich mit meinem Rucksack von Bord.

Verloren auf dem West Coast Trail

Nach einem fünfstündigen Flug landete ich in Vancouver an der kanadischen Westküste. Eine Woche Zeit blieb mir, um ein gebrauchtes Auto zu besorgen. Am 2. Juli sollte ich Steffen vom Flughafen abholen. Steffen war eine Zufallsbekanntschaft. Er wollte zwei Monate mit mir durch die kanadischen Weiten ziehen. Ich traf ihn zum ersten Mal genau einen Tag vor meiner Abreise aus Deutschland in einem Magdeburger Pub auf ein Bier. Eine regionale Zeitung hatte über mein abenteuerliches Vorhaben berichtet. Steffen entdeckte den Artikel und schrieb mir eine kurze E-Mail. Darin stand, dass er auch nach Kanada wolle - ob wir nicht was zusammen unternehmen könnten. Das klang gut in meinen Ohren, denn zu zweit auf Reisen ist immer besser als auf sich allein gestellt zu sein. Wir verabredeten uns zu einem Treffen. Man muss sich seine Pappenheimer ja vorher ansehen, prüfen, ob die Chemie stimmt. Ich wollte mir nicht irgendeinen Idioten mit ins Boot holen. Doch mein erster Eindruck von Steffen war o.k. und wir beschlossen, die kanadische Erkundungstour gemeinsam zu starten.

So wartete ich zum verabredeten Zeitpunkt auf dem Flughafen in Vancouver. Steffens Flug hatte Verspätung. Aber irgendwann kam er mit seinem australischen Lederhut auf dem Kopf um die Ecke. Das hatte schon mal geklappt. Mein Reisepartner war da - im Gegensatz zu seinem Gepäck. Ein großer weißer Zuckersack, in dem

Steffen alle wichtigen Klamotten hatte, blieb auf der Strecke. Schöne Bescherung! Den hatten sie irgendwo auf dem Zwischenstopp in Toronto vergessen. Und so blieb uns nichts anderes übrig, als zu warten. Wir gingen zum Parkplatz, auf dem mein frisch hergerichteter Van und das auf dessen Dach platzierte Kanu auf uns warteten. Ich hatte mir mit freundlicher Unterstützung von Bekannten, die in White Rock, einem Vorort von Vancouver, lebten, den gebrauchten Kleinbus besorgt. Es handelte sich um einen schwarzen GMC Vandura SL Monterey Edition von 1990 mit vier Kapitänssitzen, einem kleinen Tisch, Rollos und einer elektrischen Rückbank, die sich auf Knopfdruck zu einem bequemen Bett entfalten ließ. Eine leicht aufgemotzte Variante des berüchtigten GMC Vans, mit dem das A-Team in der berühmten Kultserie unzähligen Bösewichten den Garaus gemacht hatte. Damit ließ sich wunderbar herumcruisen. Zunächst mussten wir jedoch abwarten, ob Steffens Gepäck wieder auftauchen würde. Dies taten wir auf einem Zeltplatz in White Rock.

Glücklicherweise kam der weiße Zuckersack in der Nacht auf dem Flughafen an. Wir konnten ihn am nächsten Morgen abholen. Danach besorgten wir Proviant, rüsteten uns für die Wildnis aus und starteten los - los zur Autofähre, die uns nach Vancouver Island bringen sollte. Unser Ziel war einer der bekanntesten und schönsten Wanderwege Kanadas, der 75 Kilometer lange West Coast Trail im Pacific Rim National Park. Dieser Trail sollte unsere erste Etappe sein. Sechs Tage am Stück wollten wir durch einmalige Landschaften wandern. Man kann entweder von Bamfield aus gen Süden nach Port Renfrew laufen oder umgekehrt. Wir starteten von

Port Renfrew aus. Für den West Coast Trail benötigt man normalerweise eine Reservierung. Nur 50 Menschen dürfen zur gleichen Zeit auf der Strecke sein. Das dient dem Schutz der Natur. Wir hatten nicht reserviert. Doch es waren noch Plätze frei. Also packten wir alles Überlebensnotwendige in unsere Rucksäcke - ohne genau zu wissen, was uns erwartete. Nach einer ausgiebigen Informationsstunde mit der diensthabenden Rangerin bekamen wir einen Gezeitenkalender und eine Landkarte mit allen Zeltplätzen, Gefahrenzonen und Küstenzugängen überreicht. Wenig später fuhr uns ein Indianer in seinem Fährboot zum Beginn des Trails. Von da an hieß es: Wandern!

Der West Coast Trail führt durch dichten nordischen Regenwald entlang rauer Küsten. Eine Reise durch fantastische und abwechslungsreiche Naturkulissen. Viele Küstenabschnitte sind nur bei Ebbe begehbar. Deshalb braucht man den Gezeitenkalender, um nicht von der Flut überrascht zu werden. Am Strand geht es an fragil anmutenden Sandsteinhöhlen, steilen Klippen und Seehundkolonien vorbei, durch glasklare Bäche und Flüsse, die ins Meer münden, über rutschige Felsen und vom Wasser geformte Kanäle.

Sobald die Küste unpassierbar oder zu gefährlich wird, geht es in den Wald. Die Sonne durchflutet das grüne Dach der Bäume, trotzdem ist es angenehm kühl. Genau richtig zum Wandern. Große Schlammlöcher, fast schon Schlammseen, hüllen Schuhe und Beine schnell in einen Matschpanzer, über den sich jedes Wildschwein freuen würde. Wer Pech hat, rutscht auf einer glatten Baumwurzel aus und macht die `Schildkröte´. Das heißt, er fällt nach hinten, landet auf seinem prallgefüllten Rucksack, strampelt mit Armen und Beinen und kommt von allein nicht wieder hoch. Doch die Schlammlöcher sind nicht das einzige Übel. Steile Leitern aus Holz, die endlos an geraden, moosbewachsenen Gesteinswänden in die Höhe ragen, sind die Hölle für jeden, der schon vor deren Besteigung am Ende seiner Kräfte ist. Auch wenn man auf der ersten Stufe noch genügend Ausdauer zu verspüren scheint, oben angekommen, braucht fast jeder eine längere Pause. Viel angenehmer sind dagegen die schmalen Hängebrücken und die Cable Cars. Man setzt sich hinein und schwingt an Drahtseilen über den Fluss. Obwohl, das letzte Stück im Drahtseilschlitten ist auch kein Urlaub für die Armmuskulatur, denn man muss sich aus eigener Kraft heranziehen. Umso mehr freut man sich dann auf den zwar teuren, aber wahrscheinlich besten Burger der Welt im Moniques. Eine idyllisch gelegene Bretterhütte am Meer, in der man nach den Strapazen einer langen Tageswanderung für 20,- kanadische Dollar einen gigantischen Burger auf den Teller bekommt. Und, wenn man will, eine Büchse Bier dazu - kalt und erfrischend und für 5,- Can$ ebenfalls nicht billig. Aber was soll's, es ist ein Hochgenuss!

Die Knochen taten mir weh. Ich lehnte gemütlich in einem Stuhl, wartete auf Steffen, schaute aufs Meer, verschlang meinen Burger und trank ein Bier. Steffen ging die Bezwingung des Trails etwas gemütlicher an. Er wanderte deutlich langsamer als ich. Das sollte mir später noch zum Verhängnis werden, da er unsere einzige Landkarte mit sich trug.

Moniques schwarzer Hund hatte in mir scheinbar seinen neuen Lieblingsspielkameraden gefunden. Er kam immer aufs Neue mit einem ausgekauten Tennisball angerannt. Den sollte ich dann so weit wie möglich wegwerfen. Nach einer Weile gesellten sich zwei junge Wandersleute zu mir - Chris und seine Freundin Melody, beide Ende zwanzig. Wir kannten uns bereits vom Zeltplatz der ersten Nacht auf der Strecke. Sie arbeiteten als Lehrer an einer Schule in der Dogrib-Indianergemeinde Rae-Edzo. Die befand sich ganz oben im Norden am Great Slave Lake in den Northwest Territories. Es war die Zeit der Schulferien und die beiden befanden sich im wohlverdienten Urlaub.

Rae-Edzo im fernen Norden - das klang nach Abenteuer in meinen Ohren. Ich fragte, wie das Leben dort oben sei.

Chris sagte: »Ich liebe es in Rae-Edzo zu arbeiten und zu leben. Die Indianer sind so freundlich, es ist unglaublich. Es gibt zwar auch jede Menge Schwierigkeiten und Probleme, aber ich liebe es dort - das Gute und den Mist. Der Winter ist die schwierigste Zeit, wegen der langen Dunkelheit. Viele bekommen dadurch Depressionen. Dafür ist es im Frühjahr umso schöner. Die Sonne lässt sich wieder blicken, trotzdem liegt die Landschaft immer noch unter einer tiefen Decke aus Schnee. Alle Seen und Flüsse sind völlig zugefroren. Man kommt überall hin mit dem Schneemobil. Das ist eine wahre Freude. Die Kinder spielen in einem Winterwunderland und alle Leute kommen aus ihren Häusern, um die ersten Sonnenstrahlen zu erhaschen. Allerdings wohnen wir so weit nördlich, uns haben noch nicht mal unsere eigenen Eltern besucht.«

Das hörte sich für mich an wie eine Aufforderung, der ich gerne nachkam.

»Ich könnte euch besuchen. In zwei, drei Monaten, wenn ich im Norden bin.«

»Sicher! Das würde uns tierisch freuen. Wie gesagt, wir bekommen nie Gäste. Wir könnten dir alles zeigen«, antwortete Melody.

Die Sache wurde per Handschlag besiegelt. Ich freute mich auf den Besuch mehrere tausend Kilometer weiter nördlich. Zum einen wollte ich unbedingt Nordlichter sehen und gleichzeitig war diese Einladung mein Ticket in eine echte Indianergemeinde, in die man sonst als Tourist nicht reinkommt.

Steffens Silhouette zeichnete sich in der Ferne der Bucht ab. Fünfzehn Minuten später saß auch er entspannt im Stuhl, verspeiste einen schmackhaften Burger und trank ein Bier. Moniques Geschäft brummte.

Ein anderer Leckerbissen erwartete uns am nächsten Tag einige Kilometer weiter an den Nitinat Narrows. Es ist die einzige Stelle, die man innerhalb des West Coast Trails mit einer Fähre überqueren muss. Der Bootsbesitzer, ein älterer Kanadier mit langen, zu einem Zopf gebundenen, grauen Haaren, bot neben seinem Fährservice auch ein Stück frisch gebratenen Lachs oder gekochte Königskrabben an. Auch jeweils für 20,- Dollar das Stück. Doch der Preis schreckte niemanden ab. Jeder aß etwas, denn ansonsten war die Auswahl auf der täglichen Speisekarte stark beschränkt. Die meisten Wanderer hatten sich tütenweise mit dehydriertem Trockenfutter eingedeckt. Praktisch war das - Tüte auf, heißes Wasser drauf, fünf Minuten ziehen lassen, fertig! Trotzdem waren Steffen und ich froh darüber, richtige Nahrung im Schlepptau zu haben - Nudeln, Brot, Butter, Wurst, Obst, Soßen. Das machte unsere Rucksäcke nicht leichter, schmeckte jedoch hervorragend. Und welch kostbares Gut ein saftiger, energiereicher Apfel darstellt, begreift man im Zustand der völligen Erschöpfung sehr schnell.

Zum Schutz vor Bären gab es stabile Bärencontainer aus Metall, in die wir alles packten, was das geringste Düftchen von sich gab - die Verpflegung, Zahnpasta, alles was riecht. Mit ins Zelt nahmen wir nur das, was wir gerade anhatten. Unser Trinkwasser entnahmen wir den sauberen Gebirgsbächen der Insel. Davon gab es genug. Auch hierfür hatten alle anderen eine Wasserpumpe dabei, nur wir nicht. Die Pumpe wurde dazu genutzt, das Wasser von Dreck und Keimen zu befreien. Jeder hatte Angst vor Beaveria, vor Biberdünnpfiff. Der kann durch Biberkot im Wasser übertragen werden. Steffen und mir war das egal. Die Bäche kamen direkt aus den Bergen und flossen schnell. Somit bestand kaum die Gefahr einer Verunreinigung. Letzten Endes musste auch niemand von uns häufiger aufs Plumpsklo als die anderen.

Zugegeben, unsere Ausrüstung ließ aus purer Naivität an einigen Stellen zu wünschen übrig. Doch das Glück war uns hold. Völlig untergegangen wären wir zum Beispiel bei Dauerregen. Ich hatte keinerlei Regenausrüstung dabei, außer einer Regenjacke. Nun hörten wir Geschichten, dass es an der Westküste normalerweise an die 300 Regentage pro Jahr gäbe. Schon etliche Trailbezwinger seien fünf Tage lang durch strömenden Regen gelaufen. Wäre uns das passiert, hätten wir aufgeben müssen, völlig ohne Schutz. Doch der Wettergott blieb sanftmütig. Sechs Tage ohne einen einzigen Tropfen - besser hätte es uns nicht treffen können. Weniger gut meinten es meine eigenen Füße. Ich hatte zuvor noch nie erlebt, dass sich Blasen an den Füßen zu regelrechten Fleischwunden entwickeln können. Sie wurden wieder und wieder aufgerieben. Der grobkörnige Sand, der sich in meinen Schuhen sammelte, tat sein übriges. Unter normalen Umständen wäre ich mit solchen Füßen keinen Zentimeter mehr gelaufen und hätte mich einem ausgiebigen Heilungsprozess hingegeben. Doch hier lautete die Parole: Durchhalten!

Ein außerordentliches Highlight des historischen West Coast Trails, der ursprünglich zur Rettung von Schiffbrüchigen durch den Wald geschlagen wurde, sind die Tsusiat-Wasserfälle. Sie münden direkt in den Ozean. Unser Zelt stand paradiesisch dicht am Strand. Zur linken Seite rauschte das fallende Wasser, rechts von uns das Meer. Dazwischen, auf wenigen Metern Sand, saßen wir auf dem im Überfluss herumliegenden Treibholz und genossen das Leben. Ein Lagerfeuer wurde entzündet und neue Bekanntschaften mit Gleichgesinnten geschlossen. Unter ihnen befand sich auch Ted aus Richmond. Der wurde bald nur noch `Ted the BIG knife´ genannt. Er hatte sich zur Verteidigung gegen Bären und Raubkatzen, neben dem allgemein üblichen Bärenpfefferspray, extra

noch ein imposantes Rambomesser gekauft. Dieses präsentierte er mit Freude jedem. Es war übertrieben groß. Man hätte denken können, er sei ein Söldner, der gerade in den Krieg zieht. Ted war zügig unterwegs. Er sah den Trail als sportliche Herausforderung und wollte die Strecke so schnell wie möglich bezwingen. Als auf einem kurzen Abschnitt die von Rangern zur Instandhaltung des Pfades mit Macheten abgeschlagenen Zweige und Äste den Wegesrand bedeckten, meinten viele nur: »Das war bestimmt Ted mit seinem Riesenmesser, damit er es überhaupt mal benutzt hat.«

Am vorletzten Tag vor Erreichen des Ziels erlebte ich mein ganz persönliches Abenteuer - aus reiner Unachtsamkeit. Da Steffen, wie schon erwähnt, die Landkarte bei sich trug, sich aber immer etwas langsamer vorankämpfte als ich, sah ich mir jeden Morgen die bevorstehende Passage genau an. Wo liegt welcher Zugang zur Küste, wo sind welche Eingänge in den Wald und wo gibt es unüberwindbare oder gefährliche Riffe, Kanäle und Klippen. Die Zu- und Abgänge waren mit bunten Bojen markiert, die in den Bäumen hingen, so dass jeder sofort wusste: Hier geht es wieder in den Wald. Leider verrechnete ich mich diesmal, sah den letzten Beach Acces nicht als den letzten an und zog weiter am Strand entlang. Ich dachte, es käme noch eine weitere Gelegenheit, um in den Wald zu gelangen.

Doch Pech gehabt!

Nach einigen Kilometern kam ich an die erste in der Karte als Impassable Headland, unpassierbare Landspitze, markierte Stelle. Ein unheimlich anmutender Kanal aus dunklem Felsgestein, den das Meer weit ins Land geschnitten hatte, lag tief und breit vor mir. Wilde Wellen peitschten hinein. Es ging steil nach unten. Tatsächlich unpassierbar! Ich war drauf und dran umzukehren, da entdeckte ich unweit meiner Position ein dünnes Seil. Um einen Felsen geschlungen, reichte es zirka zwei Meter tief in den Kanal.

»Mensch ... dann ist hier wohl doch schon mal jemand lang!?« dachte ich.

Kurz entschlossen und völlig wahnsinnig geworden ließ ich meinen schweren Rucksack an der geraden Wand nach unten fallen. Wenig später hing ich nur noch mit einer Hand am Ende des Seils. Ich ließ es los und landete auf denselben glitschigen Steinen, die zuvor den Sturz meines Gepäcks abgefangen hatten. Am äußersten Rand lief ich einen langen Bogen bis zum anderen Ende der Schlucht. Mein Problem war nun, dass es auf dieser Seite nicht so einfach wieder nach oben ging. Ich hätte mich in die eisigen Fluten stürzen müssen, um heraus zu kommen. Plötzlich öffnete sich vor meinen Augen der Zugang zu einer atemberaubenden Höhle, die sich wie ein langer Tunnel durch den Fels bohrte. Also setzte ich mir meine Kopflampe auf und stakste über rutschiges Geröll durch die feuchte Dunkelheit dem fernen Licht entgegen. Am Höhlenausgang empfing mich ein vor sich hin plätschernder Wasserfall. Ich ließ ihn links liegen und kletterte weiter an den Klippen entlang. Bis dahin war alles noch aufregend und spannend. Es machte Spaß. Als ich mich jedoch vor dem nächsten Impassable Headland wiederfand, verging mir das Lachen. Durch den Spalt, der sich jetzt vor mir auftat, gab es beim besten Willen kein Durch-, Drüber-, Vorbei- oder Drunterkommen. Ich saß fest. Den Rückweg hatte ich mir selbst abgeschnitten. Da ich mich zuvor abgeseilt hatte, gab es keine Möglichkeit, diese Wand wieder hinaufzukommen. Das Seil war von unten unerreichbar.

Seit Mai mussten in diesem Jahr schon 25 Menschen vom Trail evakuiert werden.

»Ich will nicht Nummer 26 sein!« dachte ich.

Leichte Panik setzte ein. Ich sah nach unten - unmöglich! Das wilde Meer hätte mich auf ewig verschlungen. Ich schaute nach oben, die felsigen, mit Moosen und niedrigen Sträuchern bewachsenen Steilwände hinauf. Da musste ich wohl oder übel hoch. Ein gefährlicher Weg, jedoch die einzige Chance. Irgendwo dort oben im Wald führte der sichere Pfad entlang, soviel war mir klar. Ich holte tief Luft und kletterte los. Der Aufstieg mit Rucksack war ein echter Kraftakt. Der steile Hang bescherte mir einen Adrenalinschub erster Sahne. Doch es kam noch schlimmer. Endlich oben angekommen, erblickte ich eine Wald- und Buschlandschaft, die dichter und undurchdringlicher nicht hätte sein können. Eine Mauer aus Zweigen und Ästen. Wieder überlegte ich lange, was nun zu tun sei. Vielleicht doch lieber wieder runter klettern? Das vor mir liegende schien unbezwingbar, genau wie das gerade hinter mich gebrachte. Bilder des herannahenden Hubschraubers der Küstenwache schossen mir durch den Kopf. Was sollte es? Ich wollte, wie gesagt, nicht der 26. sein, den man hier rausfliegen muss, nur weil er keinen Plan hatte. Also schnallte ich meine Sachen fest, atmete noch einmal tief durch und rannte in den Busch - wie im Wahn, wie ein wild gewordener Elefant. Äste brachen. Büsche zerkratzen meine Haut. Morsche Baumstämme zerfielen unter meinen Schuhen zu

Staub und ließen mich tief in den bemoosten Waldboden einsinken. Ich weiß nicht, ob es Einbildung war, als ich inmitten eines dichten Lachsbeerbuschwaldes auf einmal Bärenspuren wahrnahm. Lachsbeeren beziehungsweise Salmonberries sehen aus wie große Himbeeren. Sie schmecken vorzüglich, sind deshalb aber auch ein beliebter Leckerbissen für hungrige Bären. Mein Herz schlug schneller. Die Vorstellung, jetzt einer Bärenmutter über den Weg zu laufen, die aggressiv ihre Jungen beschützt, verbesserte meine Situation keinesfalls. Ich zottelte mein Pfefferspray aus der Tasche und stampfte weiter bis sich der Wald lichtete und irgendwann wieder der richtige Weg auszumachen war. Einerseits erleichtert, andererseits fasziniert vom gerade Erlebten, trabte ich sofort weiter bis zum Zeltplatz. Jegliches Zeitgefühl war mir verloren gegangen. Wie lange dieses Unternehmen gedauert hat, weiß ich bis heute nicht. Jeder, der mir entgegenkam, sah mich mit großen, ungläubigen Augen an. Kein Wunder, so wie ich aussah. Arme und Beine übersät von blutigen Schrammen und dreckig wie ein Schornsteinfeger. Mein unfreiwilliges Abenteuer war die Geschichte des Tages am Lagerfeuer. Steffen meinte, ich sei völlig verrückt geworden. Niemand hätte mich jemals wiedergefunden, wenn mir etwas passiert wäre.

»Aber solange man nachher noch darüber erzählen kann, ist alles in Ordnung«, sagte er.

Dem schließe ich mich an. No risk, no fun!

Touristenschwemme

Für die großen kanadischen Nationalparks Yoho, Banff und Jasper hatten wir uns eindeutig die falsche Jahreszeit ausgesucht: den Sommer!

Wer denkt, es wäre leicht, hier seine Ruhe zu finden, der irrt. Touristen aus aller Welt, besonders aus Deutschland, den USA und Asien überfluten die Rocky Mountains in Reisebuskarawanen oder in für drei Wochen gemieteten Wohnhäusern auf Rädern. So schlimm hätte ich das nicht erwartet. Wenn dann gerade die kanadischen Ferien begonnen haben und zusätzlich noch ein langes Wochenende ansteht, wird aus der erhofften Idylle schnell die Hölle.

Obwohl Steffen und ich auch nur Touristen waren, ging uns der Trubel mächtig auf die Nerven. Alle hatten es scheinbar äußerst eilig - Urlaub hin oder her. Wir dagegen wollten langsam durch die Landschaft gurken und die prächtigen Bergkulissen bestaunen. Kein einfaches Unterfangen bei dem Verkehr, der auf den sehr gut ausgebauten Straßen herrschte. Meiner Meinung nach besitzen die Nationalparks bereits eine viel zu gute Infrastruktur. Selbst der faulste und übergewichtigste Tourist wird praktisch fast schon auf Händen dorthin getragen, wo es was zu sehen gibt.

»Wenn ihr den Yoho National Park besucht, müsst ihr euch unbedingt den Emerald Lake, den Smaragdsee, anschauen. Kein Mensch da und am Nordende fließt ein Wasserfall direkt ins grünschimmernde Wasser. Dort lässt es sich hervorragend angeln«, hatte uns vor ein paar Wochen ein älterer Parkmitarbeiter auf Vancouver Island mit leuchtenden Augen erklärt.

Ich weiß nicht, vor wie vielen Jahrzehnten er zum letzten Mal am See war. Die Bilder vom einsamen Anglerparadies in unseren Köpfen zerfielen zu Staub, als wir den Emerald Lake erreichten. Eine makellose Asphaltstraße führt heute bis direkt an das Ufer, damit auch noch die gewaltigsten Wohnmobile leicht an ihr Ziel kommen. Eine Holzbrücke beugt sich vom geräumigen Parkplatz über das Wasser. Sie reicht bis zu einer riesigen Hotelanlage, die mit ihren grünen Dächern das halbe Seeufer schmückt. Ein Traum für jeden, dem es nicht kitschig genug aussehen kann. Als Bonus gibt es noch einen überteuerten Kanuverleih. Der bietet Plastikkanus so breit wie Badewannen. Nicht, dass mein Kanu ein Ferrari unter den Paddelfahrzeugen gewesen wäre, aber immer noch besser als die hier angebotenen. Alles für die Touristen. Viele stiegen nicht mal aus ihren dicken Kisten aus, vermutlich zu anstrengend. Und falls doch, dann nur, um im Hotelcafé ein großes Stück Kuchen zu verspeisen.

Steffen und ich standen schockiert da. Was macht man nicht alles für das Geld der gutbetuchten Besucherschwärme. Manch einem mag dies gefallen, wir aber knipsten ein abschreckendes Foto und machten uns auf und davon.

»Hoffentlich wird es ruhiger, je weiter wir nach Norden kommen«, sagte ich zu Steffen, der nur desillusioniert vor sich hinstarrte und mit dem Kopf schüttelte.

Am Abend hatten wir Schwierigkeiten, einen Zeltplatz zu finden. Alle schienen reserviert zu sein. Die Leute hatten ihre Campingstühle vor die Einfahrt gestellt oder ihren Grill oder was weiß ich alles, nur um zu zeigen: Halt! Hier wohnt schon einer! Leicht entnervt parkte ich rückwärts in einen abgelegenen und nach langer Suche als `FREI´ interpretierten Stellplatz ein. Kein Zettel vorn dran, kein Stuhl, nichts. Wir waren gerade dabei, unser Zelt auszurollen, als eine der von uns so geliebten mobilen Wohnanlagen vorfuhr. Ein dicker Mann sprang heraus und packte den Grill aus. Die dazu passende Frau machte uns darauf aufmerksam, dass dieser Platz schon belegt sei. Steffen und ich hatten die Schnauze voll und rückten ab. Zu viele Köche verderben den Brei. Und zu viele Menschen können einem selbst die Laune in einer der schönsten Landschaften der Welt ruinieren.

Irgendwo in den unendlichen Weiten der Rockies gab es tatsächlich noch ein einsam gelegenes Zeltlager für uns, in dem wir uns geschafft niederließen.

Am nächsten Tag fuhren wir zu den Takakkaw Falls. Mit 254 Metern zählen sie zu den höchsten Wasserfällen Kanadas. Diesmal quartierten wir uns rechtzeitig auf dem nur zu Fuß zugänglichen Campingplatz an den Fällen ein. Von hier aus unternahmen Steffen und ich lange und ausgedehnte Wanderungen in die Berge, wo wir endlich die Ruhe und die unberührte Natur fanden, die wir suchten. Ohne Straßen, ohne Menschenmassen.

So stelle ich mir Kanada vor!

Die Rangerabzeichensammlung

Mein australischer Rangerkumpel Tony, den ich und meine Freundin Anne auf unserer Down Under-Umrundung kennen gelernt hatten, vermachte mir damals fünf seiner ACT-Aufnäher mit dem Motiv der in Australien landestypischen Helmkakadus darauf. ACT steht für Australian Capital Territory.

»Wenn du in der Welt herumkommst, versuch die Abzeichen mit anderen Rangern zu tauschen. Das sind schöne Andenken, an die du sonst nicht rankommst«, gab Tony mir mit einem Augenzwinkern auf den Weg.

Bereits in Australien war es mir gelungen, einen der ACT-Aufnäher gegen einen aus New South Wales zu tauschen. Dieser trägt in seiner Mitte die Abbildung des seltenen Superb Lyrebird. Natürlich wollte ich dieser neuen Sammelleidenschaft auch in Kanada frönen. Nachdem Steffen und ich im Wells Gray Provincial Park in British Columbia eine Woche lang unsere Premiere im Kanufahren auf dem Clearwater- und dem Azure Lake gefeiert hatten, die, ganz nebenbei bemerkt, durch den Eigenfang und Verzehr dreier Delikatessregenbogenforellen gekrönt wurde, befanden wir uns nun auf den Gewässern des Bowron Lakes Provincial Parks. Die Bowron Lakes sind ein Mekka für Kanu- und Kajakbegeisterte. Das Einzigartige an dieser sagenhaften Strecke aus verschiedenen Seen, Flüssen und Portagen ist nicht nur die atemberaubende Wildnis, durch die man paddelt, sondern auch,

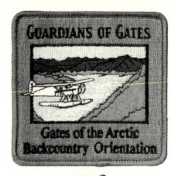

dass man an der Stelle wieder ankommt, von der man ein paar Tage zuvor gestartet ist. Man fährt einen 116 km langen Rundkurs. So muss sich niemand Sorgen machen, wie er nach der Durchquerung dieser vielfältigen Landschaftsformen sein Auto wiederbekommt.

Der Spectacle Lake, der Spektakelsee, machte seinem Namen alle Ehre. Er empfing uns mit einem wie aus dem Nichts kommenden Windsturm, der uns zu einem längeren Notstopp zwang. Später trafen wir zwei junge Ranger. Die beiden suchten mit dem Motorboot eine Person, die seit jenem Sturm als vermisst galt. Allerdings nur für kurze Zeit. Der Vermisste tauchte von allein wieder auf. Die Parkwächter hielten neben unserem Kanu und fragten nach unserer Angellizenz. Die hatten wir selbstverständlich dabei. Ein strenger Blick erfasste meinen Angelhaken. Wir wurden ermahnt.

»Hier ist es nicht erlaubt mit Widerhaken zu fischen. Den müsst ihr abkneifen.«

Das wussten wir bis dahin nicht. In Erwartung einer gepfefferten Strafe sah ich auf den Oberarm des Naturhüters. Ein unglaublich gut aussehendes Rangerabzeichen mit der Aufschrift *British Columbia Parks* und dem perfekt gestickten Bild einer Berg-, Seen- und Waldlandschaft zwinkerte mir unausweichlich zu.

»Eure Aufnäher gefallen mir. Hat einer von euch Lust, seinen kanadischen gegen einen australischen zu tauschen?« fragte ich grinsend.

Die Ranger wurden hellhörig.

»Das würden wir gerne. Aber das sind nagelneue Uniformen. Wir haben leider keine übrig.«

»Na nicht so schlimm, wäre nur schön gewesen.«

Wir unterhielten uns noch ein paar Minuten. Dann paddelten wir weiter. Zufälligerweise traf ich einen der Ranger erneut am Tag darauf. Er befand sich auf Zeltplatzpatrouille. Wir hatten die 116 Kilometer geschafft, blieben aber noch eine Nacht am Bowron Lake. Ich begrüßte ihn. Er musste lachen, als er mich erkannte. Diesmal jedoch hatte ich den australischen Aufnäher dabei und präsentierte ihn stolz.

»Mensch, der sieht aber schick aus!« sagte Ron, so sein Name, mit gierigen Augen. »Den will ich haben!«

Ihm gefiel also mein Sticker genauso gut wie mir seiner.

»Ich suche mal in unserer Hütte, ob sich nicht irgendwo einer versteckt. Bist du morgen noch hier?«

»Na mal sehen, vielleicht«, antwortete ich.

Ron setzte seine Patrouille fort. Mir hingegen kam inzwischen eine andere Idee, an das begehrte Tauschobjekt zu gelangen. Ich ging zur Anmeldung. In der kleinen Holzhütte wollte ich eigentlich nur fragen, wo sich das Rangerhauptquartier von British Columbia befindet. Auf die Gegenfrage hin, was ich denn dort wolle, erzählte ich der freundlichen Dame die ganze Aufnähergeschichte von vorn.

»Zeig doch mal her das Ding!« meinte sie.

Ich zückte das Abzeichen aus meiner Hosentasche. Sie war hin und weg und wollte die Kakadus, komme was wolle, tauschen. Doch wogegen? In einem großen Schaukasten stand eine Tafel mit der fein geordneten Sammlung aller Rangerabzeichen der Historie British

Columbias. Alle in zeitlich exakter Reihenfolge mit Nadeln angesteckt. Mit den Worten »Ach, wird schon keiner merken« rannte sie plötzlich hinter den Schaukasten, zog die schwere Holzkonstruktion einen halben Meter nach vorn und zwängte ihren Arm durch die kleine Öffnung in der Rückwand. Mit etwas Artistik und viel Gefühl gelang es ihren Fingern, genau das richtige Abzeichen zu erwischen. Sie riss es los. Das Tauschgeschäft ging über den Ladentisch. Handschlag drauf und fertig. Sie schrieb genau auf, was ACT zu bedeuten hatte. Dann steckte die junge Frau ihren neu erstandenen Aufnäher des Parks And Conservation Service aus dem Australian Capital Territory doch tatsächlich genau an die Stelle, an der vorher der andere glänzte.

Nee, nee, was für ein Handel! Da hängen sie nun, zwei australische Helmkakadus zwischen vornehmlich in blau gehaltenen kanadischen Bergen und Tälern.

»Fällt gar nicht auf«, sagte sie.

Team Awesome und der Slave River

Steffen war ein erfahrener Kanulenker - zu meinem Glück, denn wir hatten Blut geleckt. Seit unserer ersten Tour im Wells Gray Provincial Park hatten er und ich beschlossen, Kanada von nun an hauptsächlich vom Wasser aus zu erkunden wie die alten Voyageure. In dem Buch `Mit dem Kanu durch Kanada´ stand, dass es ohne größere Schwierigkeiten möglich sei, innerhalb von zwei Wochen den Peace River und den Slave River zu befahren. Vom Startpunkt Peace Point im Wood Buffalo National Park im Bundesstaat Alberta bis nach Fort Resolution am Ufer des Großen Sklavensees in den Northwest Territories sind es über 500 Kilometer Paddelstrecke. Diese wird nur einmal durch eine gewaltige Aneinanderreihung von Stromschnellen, den Rapids, unterbrochen. Vier Kaskaden senken den gewaltigen Slave River, der teilweise bis zu 3 Kilometer breit ist, zwischen Fort Fitzgerald und Fort Smith um über 30 Meter ab. Die Cassette Rapids, die Pelican Rapids, die Mountain Rapids und die Rapids of the Drowned, die Stromschnellen der Ertrunkenen, sind für Kanus unbefahrbar.

Ein Mann, den wir in Fort Smith nach dem Zustand des Flusses befragten, antwortete uns in ernstem Ton und mit bleicher Mine: »Nein! Tut das nicht! Ihr werdet alle sterben!«

»Hui!« dachten wir.

Das hatte uns bisher noch keiner gesagt.

»Reden wir über den gleichen Fluss? Uns wurde erzählt, es sei kein Problem ihn zu befahren?«

»Wer hat euch das gesagt? Ich würde keinem raten, die Stromschnellen zu befahren«, meinte der noch immer erschrocken dreinblickende Mann.

»Stromschnellen? Wer redet denn von Stromschnellen? Die werden wir natürlich umgehen. Wir reden vom Fluss.«

Ich glaube, seine Erleichterung über dieses Missverständnis war mindestens genauso groß wie unsere eigene.

Meinen Van ließen wir in Fort Smith. Nachdem alles Organisatorische erledigt war und wir unser Vorhaben in der Nationalparkverwaltung sowie bei der Royal Canadian Mounted Police angemeldet hatten, fuhr uns ein angenehmer Zeitgenosse für 100,- Dollar zum Peace Point am Peace River. Die Fahrt dauerte eine Weile. Wir unterhielten uns über die Gegend und deren Ureinwohner. Unser Fahrer war ein Halbblut - der Vater Cree-Indianer, die Mutter weiß. Er erzählte mir von der Jagd. Allen Einwohnern Kanadas, die indianisches Blut in sich tragen, ist es erlaubt, für den eigenen Bedarf uneingeschränkt zu jagen. Ich erfuhr, dass einmal im Jahr eine große Gemeindejagd stattfindet, bei der Dutzende Elche und Karibus erlegt werden würden.

»Das Fleisch wird dann unter allen Gemeindemitgliedern verteilt«, sagte er.

Der Wood Buffalo National Park ist, wie sein Name schon vermuten lässt, ein Schutzgebiet für Waldbüffel - so groß wie die Schweiz. Auf der Route nach Fort Smith liefen Steffen und mir bereits etliche dieser massiven Riesen über den Weg. Riesen im wahrsten Sinne des Wortes. Wie massiv so ein Bison gebaut sein muss, zeigt die folgende Geschichte: Der Vater des jungen Mannes, der uns zum Peace Point brachte, war vor geraumer Zeit in einen Autounfall verwickelt. Dabei handelte es sich um einen Zusammenstoß mit einem Büffel bei 100 km/h. Er hatte das Tier an der Hüfte erwischt. Der Motorraum des Kleintransporters ragte fast senkrecht in die Luft, völlig zerbeult. Doch das Bisonmännchen lag nicht etwa regungslos am Boden, sondern humpelte langsam in den Wald. Da die Tiere unter Schutz stehen, machten sich Ranger auf, den Büffel zu suchen. Nun könnte man denken, sie fanden nur noch einen dahingerafften, toten Körper. Falsch! Alles, was der harte Aufprall an diesem Kraftpaket aus stählernen Muskeln zurückließ, war ein großer blauer Fleck. Selbst das Humpeln hatte sich bereits gelegt.

»Da kann man doch froh sein, dass so ein Wood Buffalo nichts davon hält, ab und zu aus Spaß ein paar Autos aus dem Weg zu rammen«, meinte ich. »Ein Problem wäre es für ihn nicht.«

Aber zurück zum Fluss: Wer sich mit dem Kanu auf solch eine Tour begibt, sollte auf alle Eventualitäten gefasst sein. Die Natur ist unberechenbar. Außer Dauerregen und Schnee erlebten wir alle Wetterlagen, die man sich denken kann. Sonnenschein und kurze Gewitter wechselten sich ab. Fast jeden Tag zur gleichen Stunde setzten heftige und kalte Nordwinde ein. Sie verwandelten den Fluss in ein unruhiges Wellenmeer und machten ein Vorwärtskommen trotz der guten Strömung nahezu unmöglich. Jeder Meter war kräftezehrend. Deshalb starteten wir oft früh um 6 Uhr in den Tag. In den windstillen Morgenstunden lag der Fluss glatt wie ein Spiegel vor uns. Ich liebte den Gedanken, dass hier oben im Norden noch die Natur das alleinige Sagen hat und der Mensch sich ihr unterordnen muss. Nur ein paar Monate im Jahr ist es angenehm warm und hell, dann ergreift der ewig scheinende, eisige Winter das Zepter. Alles wird von Schnee und Eis bedeckt. Wer nicht darauf vorbereitet ist, hat verloren und geht unter.

Am dritten Tag paddelten wir bis 21 Uhr. Da das Ufer auf weiten Strecken so schlammig war, dass man bis zur Hüfte einsank, suchten wir uns eine kleine flache Sandbank in der Mitte des Peace River. Zum Abendbrot sollte es Fisch geben. In einem kleinen Nebenarm des Hauptstromes hatte Steffen ein uns unbekanntes Exemplar gefangen. Der Fisch war keine Schönheit - große Augen und eine Art Nase. Wir hatten nicht den Hauch einer Ahnung, was da eigentlich an der Angel hing. Doch er schien gut genug für zwei saftige Filets. Wir errichteten unser Zelt. Etwas entfernt bauten wir einen schützenden Unterschlupf aus einer Plane, Seilen und unseren Paddeln, die wir in den Sand eingruben. Darin lagerten wir nachts unser Gepäck und nahmen die Mahlzeiten zu uns. Normalerweise soll man alles, was einem Bären gefallen könnte, immer zwischen zwei Bäume hängen, aber hier auf unserer Insel gab es außer flachen Dünen nichts.

Schon beim Filetieren des Abendbrotes stellte Steffen fest: »Das Vieh hat aber viele Gräten. Da müssen wir nachher aufpassen. Außerdem sind die Filets etwas mickrig ausgefallen. Wir machen besser noch Kartoffeln dazu.«

Der Braten war noch nicht ganz fertig, da setzte aus heiterem Himmel der Weltuntergang ein - in Form eines heftigen Windsturmes. Die Plane flatterte lautstark. Der Sand wehte in alle Ritzen. Doch noch war alles gut.

»Wird ja hoffentlich gleich wieder vorbei sein«, sagte ich.

Zusammengekauert nahmen wir unser Essen zu uns. Gleich beim ersten Bissen schrie Steffen entsetzt auf und spuckte ihn geradewegs in den Wind.

»Ihhhh! Was ist denn das für ein Dreck. Der besteht ja nur aus Gräten und schmeckt wie toter Fuß. So was fressen ja nicht mal die Hunde!«

Ich wusste nicht, wie toter Fuß schmeckt und kostete trotz der Warnung. Die Strafe folgte sogleich. Bevor ich den Fisch ausspucken konnte, verschluckte ich eine gutproportionierte Gräte. Sie verfing sich hoffnungslos in meinem Rachen. Kein Räuspern oder Husten half. Ohne zu zögern warfen wir den gesamten Pfanneninhalt in die Fluten. Der Appetit war uns gehörig vergangen. Das lag auch daran, dass der Wind immer heftiger wurde. Steffen sprang auf und lief los. Wohin? Zum Zelt! Dieses gab plötzlich dem Wind nach, bog sich in alle Richtungen und drohte wegzufliegen. Er konnte es gerade noch packen und festhalten. Ich lief hinterher - bewaffnet mit dem Campingspaten. Ein riskantes Manöver folgte. Wir lösten die wenigen noch im Boden steckenden Heringe und zurrten das Zelt, das wie eine zerrissene Flagge im Sturm wedelte, in eine stabile Position. Mit tief im Sand eingebuddelten Ecken und aerodynamische ausgerichtetem Eingang hielt unsere Schlafkabine stand. Wäre uns hier draußen die Ausrüstung weggeflogen, hätte es ernst werden können, Hunderte Kilometer bis zur nächsten Siedlung.

Eine ruhige Minute hatten wir in dieser Nacht nicht, zumindest ich nicht. Wir machten die Plane sturmsicher und beschwerten alles mit dem umgedrehten Kanu. Dann legten wir uns hin und versuchten, zu schlafen. Bei Steffen schien das ganz gut zu klappen. Nach ein, zwei Stunden lag er da und sägte Holz. Ich hingegen machte in dieser Nacht kein Auge zu. Hungrig und mit Gräte im Hals bangte ich um mein Zelt.

Was für eine Horrornacht! Erst um 12 Uhr mittags legte sich der Wind. Er hatte meine Nerven bis aufs Äußerste strapaziert. Überlebt, wir hatten es überlebt! Die

Gräte steckte allerdings immer noch zwischen meinen Kiemen. Langsam wich die Anspannung und wir packten das leicht verzogene Zelt zusammen. Bei diesem handelte es sich übrigens um ein 30,- € Zelt von Aldi. Ja, man möchte es kaum glauben, aber dieses zusammengenähte Stück Spezialstoff hielt weitaus mehr, als die 30,- € vermuten ließen. Nicht umsonst hatte es bei mehreren Tests mit dem Prädikat `gut´ abgeschnitten. Und wenn die vergangene Nacht kein Qualitätstest war, weiß ich es auch nicht.

Wie sagte ein in Kanada lebender Deutscher später: »Siehste, ich hab ein 500,- € Zelt. Aber das wurde wahrscheinlich auch nur auf demselben Fließband in China fabriziert wie deins von Aldi. Also wenn man einen guten Griff macht, macht man einen guten Griff!«

Er konnte auch die Frage nach dem widerlichen Grätenfisch beantworten.

»Das war bestimmt ein Sucker. Den fressen nicht mal die Hunde«, meinte er lachend.

Na bitte! Sucker bedeutet so viel wie Ätzer. Welch passender Name.

Der Rest der aufregenden Flussfahrt verlief ohne Komplikationen. Auch die nervige Gräte verschwand nach einiger Zeit in den Tiefen meines Verdauungstraktes. Der Peace River ging nun in den Slave River über. Gespannt und nervös durchpaddelten wir die steilwandigen Kurven, die einen unendlichen Radius zu haben schienen. Der Grund unserer Nervosität waren die Stromschnellen, die von jetzt an hinter jeder Ecke lauern konnten. Unserer etwas ungenauen Karte entnahm ich, dass wir uns kurz vor Fort Fitzgerald befinden mussten, dem

Ende des ersten Flussabschnittes. Starker Nordwind machte die Fahrt wieder mal zur Qual. Wir steuerten ans Ufer, um die Karte mit der Umgebung abzugleichen. Wir wollten ja nicht plötzlich in den Abgrund stürzen. Als wir anhielten, vernahmen wir Stimmen. Sie kamen vom Fluss. Zwei weitere Kanus hielten neben uns - mit wild aussehenden Typen an Bord. Einer sprang gleich aus dem Boot, stellte sich mit dem Rücken zu uns und pinkelte fröhlich vor sich hin. Wir machten uns bekannt. Die vier waren Kanadier aus Prince George in British Columbia beziehungsweise Quebec im Osten. Drei Kerle und eine Frau: Colin, Matt, Paul und Audrey. Sie nannten sich selber Team Awesome, also Team Großartig. Eine verrückte Truppe. Die vier, alle um die 28 Jahre alt, machten die gleiche Tour wie wir. Audrey hatte ein GPS-Gerät dabei. Sie teilte uns mit, dass die Umtragestelle in Fort Fitzgerald noch 10 Kilometer weit entfernt sei und nicht, wie wir vermuteten, gleich um die Ecke. Die Kanadier wollten keine Zeit verlieren und paddelten wieder los. Steffen und ich hinterher. Im zweiten, 280 Kilometer langen Teil der Flussreise, hinter den Stromschnellen des Slave River, blieben wir mit Team Awesome zusammen. Nach einer feuchtfröhlichen Nacht mit Bier, Grillsteaks und Holzhackwettbewerb auf dem Queen Elizabeth Zeltplatz in Fort Smith wurden Steffen und ich sogar ehrenvoll in dessen Mitte aufgenommen. Mit der rechten Hand bildeten wir eine Faust, schlugen mit den Fingern gegen die des anderen und riefen dabei laut: »Awesome!« Das war von nun an unser Gruß. Als Teammitglieder unterstützten wir uns, wo es nur ging. Matt schoss mit seinem mitgebrachten Gewehr ein paar Enten, die wenig später saftig am Spieß über dem Feuer hingen. Ich fing einen nordischen Hecht. Steffen machte Eierkuchen. Audrey übernahm den Abwasch und Paul hielt uns einen Vortrag über das Leben.

»There is no I in Team Awasome! Es gibt kein Ich im Team Awesome!« lautete eine seiner Weisheiten.

Nachdem er das gesagt hatte, fing er an, Holz zu hacken. Colin sorgte für die Abendunterhaltung. Er war professioneller Musiker, spielte Geige und Mandoline und konnte hervorragend singen. Ein Abend lag vor uns, der uns allen für immer in Erinnerung bleiben wird. Wir hatten gerade die Enten verspeist, standen am Feuer und sahen über den zu unseren Füßen liegenden, spiegelglatten Sklavenfluss. Kein Windhauch war zu spüren. Nur das Knistern des Feuers durchbrach die Stille. Vollkommene Romantik. Es war dunkel. Über uns der klare Sternenhimmel mit einem majestätischen Vollmond zur rechten und dem goldenen Streifen der weit im Westen noch immer untergehenden Sonne zur linken Seite. Ein einmaliges Bild. Colin sang alte kanadische Lieder voller Sehnsucht und Leidenschaft. Seine glasklare Stimme hallte über das Wasser. Als dann auch noch ein Nordlicht begann, durch den Himmel zu tanzen, waren alle selig und stumm vor Rührung. Ich sah einen grünen Schweif, der durch die Nacht wehte – das erste Nordlicht meines Lebens. Noch etwas verhalten zwar, aber immerhin. Die große Lichtschau sollte erst einige Wochen später folgen.

Colin stimmte einen Kanon an, in den jeder von uns sechs nach und nach einstimmen sollte. Dessen sonorer Klang verpasste uns allen eine dicke Gänsehaut. Es war ein altes Lied der Voyageure. Der Text erzählte von deren Stolz und der Schönheit der kanadischen Natur.

*My paddle's keen and bright
flashing with silver
Watching the wild goose flight
Dip, dip and swing*

...

Nach 12 Tagen, 524 zurückgelegten Kilometern, Tausenden Paddelschlägen und unzähligen Erlebnissen erreichten wir Fort Resolution - unser Ziel. Der Great Slave Lake, der Große Sklavensee, empfing uns an jenem Tag bei schönstem Sonnenschein und Windstille. Anders wäre es auch zu gefährlich gewesen, ihn mit dem Kanu zu befahren. Als wir aus einem Arm des Flussdeltas kamen und über das offene Wasser blickten, hatten wir das Gefühl, ein gigantischer Ozean läge vor uns. Das Große Sklavenmeer könnte man eigentlich sagen. Nicht umsonst gehört der See zu den zehn größten der Welt. Kommt hier Wind auf, entstehen schnell meterhohe Wellen.

Triumphierend landeten wir am Dorfstrand von Fort Resolution, wo wir auch die Nacht verbrachten. Ständig kamen Einheimische und fragten uns aus. Kinder wie Erwachsene. Ein Pärchen bot uns sogar an, mit zu ihnen zu kommen. Sie hätten drei Schlafzimmer in ihrem Haus. Es sei also kein Problem. Dieses Angebot klang sehr nett, doch wir wollten noch einmal alle zusammen in den Zelten übernachten. Vielleicht würde dies ja bereits die letzte gemeinsame Nacht des glorreichen Team Awesome sein. Zum Abendbrot gab es einen großen Topf Reis mit Fleisch und Soße. Der machte alle satt.

Das Essen war noch nicht verdaut, als ein Indianer mit

seinem Kanu anlegte und zu uns rüber kam. Leicht angetrunken sprach er: »Seid gegrüßt Fremde! Hab gerade meine Netze kontrolliert. Habt ihr Appetit auf Fisch?«

»Sehr großzügig, aber nein danke«, antworteten wir und guckten uns mit hochgezogenen Augenbrauen an.

»Doch, doch … kein Problem … komm mal mit!«

Er nahm meine Hand und zog mich zu seinem Boot. Darin lagen fünf Riesenfische, jeder bestimmt über 1 Meter lang, und ein großer Whitefish, ein sehr guter Speisefisch.

»Na gut, wir nehmen den einen da«, sagte ich.

»Nee! Nimm ruhig alle.«

Wir entluden den gesamten Fang und schleppten ihn zu den anderen. Matt nahm den Whitefisch aus und legte ihn in die Glut unseres Feuers. Whitefisch hat einen starken Eigengeschmack, so dass man ihn nicht zu würzen braucht. Man greift, wenn er gar ist, einfach mit den Fingern ins Fleisch und holt sich die besten Stücke heraus. Als der angetrunkene Fischer uns verlassen hatte, gaben wir den Rest seiner Beute an Leute aus dem Dorf. Die wollten diesen wiederum weiterverteilen.

Der Tag unserer Ankunft in Fort Resolution war ein Freitag. Das Wochenende stand bevor. Im Dorf bereitete man ein großes Fest vor. Samstagmorgen begannen die Feierlichkeiten mit einem kostenlosen Frühstück, zu dem auch wir eingeladen wurden. Bestens verköstigt ging es anschließend zur hiesigen Mounty-Polizeistation. Dort meldeten wir uns offiziell ab und gaben bekannt, die Paddeltour ohne Schaden beendet zu haben.

»AWESOME!!!«

Wie der Zufall es so will

Zufälle gibt es viele im Leben. Es sei denn, man glaubt an das Schicksal. Manchmal ist es kaum zu glauben, wie sich die Dinge aneinanderreihen. Bevor Steffen und ich in Fort Smith einfuhren, um dort jemanden zu suchen, der uns hilfreiche Tipps zum Thema Slave River geben kann, nächtigten wir 50 Kilometer vor der Ortschaft am Little Buffalo River. Wir verbrachten die Nacht auf einem verlassenen Zeltplatz, auf dem es nicht viel gab. Überraschend gesellten sich zwei Familien zu uns, beide mit Kindern und Wohnwagen. In solchen Situationen ist das Kennenlernen nur eine Frage der Zeit.

Ich lud die Familie zu unserer Linken auf ein Bier am Feuer ein. Mutter, Vater und Kind kamen aus Fort Smith und wollten an diesem verlängerten Wochenende ein wenig Ruhe in der Wildnis finden. Ich informierte sie über unser Vorhaben und fragte nach Unterstützung.

»Oh! Ihr wollt den Fluss befahren. Da müsst ihr Lora fragen«, sagte der Vater.

Aha, Lora! Aber wer war Lora?

»Lora! Komm mal rüber! Die beiden Herren haben ein paar Fragen.«

Eine Frau kam aus dem Gebüsch. Sie war die Mutter der anderen Wohnwagenfamilie, die auch drei Tage raus aus Fort Smith wollte.

»Hallo Lora. Wir brauchen eine Karte vom Slave River und Informationen über die Strecke. Wir wollen vom Peace Point bis hoch nach Fort Resolution paddeln«, sagte ich zu ihr.

»Da seid ihr bei mir fast richtig. Ich schicke euch zu meinem Vater, Jacques van Pelt. Wir hatten in Fort Smith 20 Jahre lang ein Touristikunternehmen namens Subarctic Wilderness Adventures. Wir haben Leute tief in den Wood Buffalo National Park geführt, haben Hundeschlittenfahrten angeboten und sind mit Schlauchbooten und Wildwasserkajaks durch die Stromschnellen gefahren. Ich war eine der Führerinnen. Aber geht zu meinem Vater, der kennt sich noch besser aus als ich.«

Sie holte einen kleinen Zettel und schrieb eine Adresse darauf. Außerdem: *Schöne Grüße von Lora. Habe die beiden am Little Buffalo getroffen!*

Mit diesem Stück Papier in der Hand kamen Steffen und ich am nächsten Vormittag bei der angegebenen Adresse in Fort Smith an. Wir stiegen aus dem Wagen und gingen die Einfahrt hinauf. Das Gelände sah verlassen aus. Das dazugehörige Haus aus Holz- und Glasfassaden machte den gleichen Eindruck. Steffen läutete an der Tür. Nichts passierte. Wir klingelten noch einmal. Wieder keine Reaktion.

»So ein Mist! Wäre ja auch zu schön gewesen«, sagte ich. »Und was nun?«

Mit hängenden Köpfen gingen wir zurück zum Auto. Zwei Rentnerinnen spazierten die Straße entlang. Sie sahen uns neugierig an. Dann kamen die alten Damen auf uns zu.

Eine der Frauen fragte: »Wen suchen Sie denn?«

»Jacques van Pelt«, antworteten wir, »seine Tochter Lora hat uns diese Adresse aufgeschrieben.«

Sie nahm den Zettel und schüttelte lächelnd den Kopf.

»Na dann sucht ihr meinen Mann. Lora ist unsere Tochter. Das dumme Ding hat euch ihre eigene Adresse gegeben.«

Kein Wunder also, dass niemand da war. Lora befand sich ja noch auf dem Zeltplatz. Wir lachten und folgten Jacques` Frau, die ein paar Häuser weiter in die richtige Einfahrt bog. Ihr Haus sah toll aus. Ein Oktogon. Sie öffnete das große Holztor und stellte uns Jacques vor. Ein beeindruckender Mann. Ein Charakter. Klein und gesundheitlich nicht mehr ganz auf der Höhe, aber glücklich und zufrieden. Verständlich, bei seinem Leben.

Als Jugendlicher kam er nach dem zweiten Weltkrieg nach Kanada, um als Holzfäller zu arbeiten. Irgendwann lernte er seine Frau Ruth kennen. Es verschlug die beiden nach Fort Smith, wo sie vier Kinder großgezogen. Jacques war im Ort eine Berühmtheit. Als Ranger hat er sehr viel für den Nationalpark und dessen Tiere getan. Leute aus der ganzen Welt kamen zu ihm, um durch die Wildnis zu ziehen oder um mit den Subarctic Wilderness Adventures die Stromschnellen zu bezwingen. Hier oben trug er den Spitznamen Jacques `The Pelican´ Pelt, weil er sein Leben der nördlichsten Pelikankolonie der Welt gewidmet hat. Diese sitzt inmitten der Rapids of the Drowned auf kleinen Felsen. Die Kolonie wurde jahrelang von Jacques observiert und beobachtet. Sogar Fotografen und Reporter des weltbekannten National Geographic interviewten Jacques häufig.

Das alles erzählte er uns mit einer Lebensfreude, die ihresgleichen sucht. Seine klaren Augen blitzten und strahlten ein unbeschreibliches Vertrauen aus. In Jacques' Haus sah es aus wie in einem Museum. Es steckte voller Erinnerungen seines einmaligen Lebens.

Er konnte nicht länger stehen. Sein krummer Rücken schmerzte. Lächelnd fragte uns Jacques, ob er sich setzen dürfe und bot uns gleichzeitig auch zwei Sitzplätze an. Ruth brachte uns etwas zu trinken. Nun redeten wir über den Fluss. Seinen Fluss! Es freute Jacques außerordentlich, dass wir ihn um Rat fragten. Sein Körper war zwar nicht mehr der fiteste, dafür jedoch sein Geist. Er meinte, es würde keine Schwierigkeiten auf dem Slave River geben. Wir bräuchten nur eine Karte. Und die Stromschnellen müssten wir umgehen. Aus einer alten Kiste kramte er einige Papierrollen.

»Ja ... das dürfte es sein«, murmelte er.

Jacques überreichte uns die Kopie einer topografischen Karte. Zusätzlich bekamen wir noch eine Beschreibung der einzelnen Flussabschnitte - eine sehr große Hilfe. Ich denke, er wäre mit auf die Tour gekommen, wenn er noch gekonnt hätte. Wir sagten Lebewohl. Ich versprach Jacques, ihm in zwei Wochen alles wiederzubringen. Meinen Van konnte ich solange auf dem Firmengelände seines Schwiegersohnes stehen lassen. So ganz ohne uns zu revanchieren wollten wir nicht los. Zum Dank kauften wir Jacques und Ruth ein Paket feinen Kaffee und Schokolade.

Als ich ihm 13 Tage später, wie versprochen, sein Material zurückbrachte - ich war allein, denn Steffen musste in Fort Resolution auf das Kanu aufpassen, während ich

The wolf
part of our wilderness protected within
Wood Buffalo National Park
Canada

das Auto holte - empfing mich Familie van Pelt herzlich auf ihrer Terrasse.

»Komm doch hoch Wolf«, sagte Ruth.

Sie hatten nicht mal meinen Namen vergessen. Alle waren ausgelassen und genossen die Sonne.

»Das ist das erste Mal seit zehn Jahren, dass wir ungestört draußen sitzen können. Sonst zerstechen einen zu dieser Jahreszeit die Mücken. Doch der Juli war zu trocken, deshalb gibt es nur wenige Moskitos.«

Ruth hatte Recht. Es gab wirklich ungewöhnlich wenige Moskitos. Steffen und mich hatten sie nur einmal richtig erwischt, ansonsten hielt sich die Belästigung durch die Stechsauger in Grenzen. Auf einer Wanderung im Wood Buffalo National Park waren sie über uns gekommen - in Massen! In solchen Massen, dass wir nur noch rennen konnten. Mit blutüberströmten Armen und Beinen kamen wir, wild umherwedelnd, aus dem Gebüsch geschossen. Keine schöne Erinnerung.

Jacques sagte, ich solle mich setzen und mir die Augen zuhalten. Er hätte eine Überraschung für mich. Gespannt saß ich da. Als ich die Augen wieder öffnen durfte, stand er mit einem blauen T-Shirt vor mir. Darauf eine indianische Malerei - zwei dem Mond entgegenheulende Wölfe. Darüber stand: *Der Wolf - Teil unserer Wildnis, die wir im Wood Buffalo National Park beschützen.*

»Ein T-Shirt mit Wölfen für Wolf«, meinte Jacques.

Ich wusste nicht, was ich sagen sollte. Ich dankte ihm tausend Mal. Wir knipsten Fotos und sinnierten noch eine Weile über das, was wirklich wichtig ist im Leben. Eines weiß ich: Wahre Freundschaft und Herzlichkeit gehören dazu! Und Zufälle! Sonst wären wir gar nicht erst bei Jacques gelandet.

Nur noch mal kurz zusammengefasst: Wir haben Lora getroffen, die, was für ein Zufall, die Tochter des großen Jacques van Pelt ist und die sich, weil zufällig gerade ein verlängertes Wochenende anbrach, mit ihrer Familie zufällig auf demselben Zeltplatz wie wir einfand. Lora gab uns aus Versehen die falsche Adresse, doch zufälligerweise kamen genau zur richtigen Zeit zwei alte Frauen vorbei, von denen sich eine zufällig als Jacques' Frau Ruth entpuppte. Genauso trafen wir zufällig am Ufer des Sklavenflusses auf das Team Awesome just in dem Moment, als wir nicht so richtig weiter wussten und zufällig hatte Audrey ein GPS dabei.

Die Frage, wie wir wohl wieder zu meinem Van in Fort Smith kommen würden, wenn wir mit dem Kanu im 280 Kilometer entfernten Fort Resolution gelandet sind, beantwortete sich auch von selbst. Denn zufälligerweise hatte Team Awesome ein Auto oben in Fort Resolution und eins ganz unten am Peace Point stehen. Um das eine vom Peace Point abzuholen, mussten sie selbstverständlich durch Fort Smith, was ungefähr in der Mitte liegt. Meine kostenlose Taxifahrt war somit gebucht.

Also wenn das alles kein Zufall ist!

Von Bären und Bibern

In Kanada möchte jedermann wilde Tiere sehen - am besten ganz nah. Es dauerte eine Weile, bis Steffen und ich unseren ersten Schwarzbären vor der Nase hatten. Wir dachten schon, es gäbe keine freilebenden Bären mehr in Kanada. Umso schöner war zu sehen, dass sich die Sichtungen, je weiter wir nach Norden kamen, häuften. Besonders vom Kanu aus gab es viele Wildbeobachtungen: Elche, die im seichten Wasser ästen, Karibus mit ihren mächtigen Geweihen, eine Otterfamilie, Fisch- und Weißkopfseeadler, die vor uns wie Pfeile ins Wasser stießen und und und. Einmal entdeckten wir sogar zwei Wölfe, die uns vom Ufer aus beobachteten. Als die Tiere merkten, dass sie nicht nur uns, sondern wir auch sie im Visier hatten, verschwanden die grauen Gestalten im Nichts. Es war nur ein kurzer Moment, aber selten genug. Begegnungen mit Wölfen sind etwas ganz Besonderes. Ich weiß das, ich bin schließlich selbst einer. Bei den Dene-Indianern in Fort Resolution heißt Wolf `Nuni´ und bei den Dogrib-Indianern in Rae-Edzo `Diga´.

Ganz zum Schluss meiner Reise, als Steffen schon längst wieder zu Hause war, kam es zu einer zweiten Wolf-trifft-Wolf-Situation. Auf dem Rückweg von den Northwest Territories nach Vancouver lief Gevatter Isegrim in der Abenddämmerung des Yoho National Parks seelenruhig am Straßenrand entlang und ließ sich nicht

stören. Der Wahnsinn! Manche Tierbegegnungen haben einfach etwas Magisches. Wie diese: Steffen und ich saßen am Feuer auf einem angeschwemmten Baumstamm. Wir zelteten wie fast jede Nacht auf einer Insel im Peace River. Das Feuer flackerte gleichmäßig vor sich hin, kein Wind, absolute Ruhe. Wir zählten die vielen Sternschnuppen über uns. Plötzlich kreiste ein gewaltiger Vogel mehrmals sehr nah um uns und das Feuer. Ein Uhu. Das Faszinierende daran war, dass der Flug des Vogels absolut geräuschlos verlief. Totenstille herrschte. Kein Vorbeizischen, kein Flattern, kein einziger Flügelschlag war zu hören. Nichts. Keine Bewegung erzeugte auch nur den leisesten Ton.

Das liebe ich an der Natur: Vielfalt, Anpassung und Effizienz.

Wie effizient zum Beispiel ein Biber einen Damm bauen kann, konnten wir überall bewundern. Wie effizient der Meister der Architektur einem auf den Geist gehen kann, bekamen wir außerdem zu spüren. Biber sind neben dem Menschen die einzigen Säugetiere, die ihre Umgebung absichtlich grundlegend verändern können. Und wie der Mensch können sie auch eine ordentliche Kelle austeilen, wenn man in ihrem Revier zeltet. Im folgenden Fall befand sich das Hauptquartier des Bibers scheinbar genau auf der kleinen bewaldeten Felseninsel im Sklavenfluss, die wir uns als Nachtlager auserwählt hatten. Wir schliefen bereits tief und fest, als uns ein lautes Klatschen im Wasser weckte.

»Was war das?«

»Och ... bestimmt ein Biber.«

Dass Biber bei Gefahr mit ihrer Kelle laut auf die Wasseroberfläche klatschen, war uns bekannt, nicht aber, dass sie dies auch tun, um ungebetene Gäste zu verscheuchen. Und zwar andauernd. Vom ersten Klatscher an war die Nacht gelaufen. Mit einer bewundernswerten Ausdauer knallte der Biber im Fluss bis zum Morgengrauen alle fünf Minuten laut mit seiner Kelle, nur wenige Meter von unserem Zelt entfernt. Eine richtige Nervensäge, die alle fiesen Taktiken drauf hatte. Manchmal wartete das Biest solange, bis wir gerade wieder eingeschlummert waren ... Klatsch! Und schon war man wieder bei vollem Bewusstsein. Wer jetzt denkt, ich wolle ihm einen Bären aufbinden - ich schwöre, so war es.

Und Stichwort Bären: Mit denen erlebten wir auch so einige Geschichten. Der erste Bär, den wir sahen, war offensichtlich ein noch unerfahrener Schwarzbär im Jugendalter, der, als er uns registrierte, eifrig von uns weglief und versuchte, sich hinter drei fingerdünnen Zweigen eines lichten, vertrockneten Busches zu verstecken. Wie ein kleines Kind hockte er dort und blickte immer wieder ängstlich in unsere Richtung.

Er schien sich zu fragen: »Sehen die mich jetzt? Oder sehen die mich nicht?«

Wir sahen ihn natürlich und lachten uns kaputt.

Von da an waren Bärensichtungen an der Tagesordnung. Die Mär vom blutrünstigen Monster stimmte jedoch nicht. Kein Bär wollte irgendwas von uns. Entweder sie liefen weg, sobald sie Wind von uns bekamen, oder sie fuhren mit dem fort, was sie gerade taten, meistens fressen, und beachteten uns gar nicht erst. Solange man den nötigen Abstand hält und die Tiere nicht in irgendeiner Weise bedrängt, passiert auch nichts. Wer es jedoch übertreibt und denkt, er sei im Streichelzoo, der hat schon oftmals Pech gehabt. An unangenehmen Zwischenfällen mit wilden Tieren ist der Mensch durch einfaches Fehlverhalten meist selbst schuld. Es gibt natürlich auch Ausnahmen, doch die sind selten. Bären werden dem Menschen oft nur dann gefährlich, wenn sie an dessen Abfall gewöhnt sind und ihn mit Nahrung in Verbindung bringen.

Die schlammigen Ufer des Slave River waren übersät von gut sichtbaren Tierspuren. Die vielen Wolfsspuren, Elch-, Biber- und Bärenspuren wiesen eindeutig darauf hin, dass wir nirgends ganz alleine waren. Bären sind außerordentlich gute Kletterer und können verdammt schnell rennen. Wie gut sie zudem im Wasser unterwegs sind, sahen wir, als ein Schwarzbär vor unserem Kanu über den Fluss schwamm. Als würde er sein Lebtag nichts anderes tun als zu schwimmen. Ein beeindruckendes Tempo hatte er von Anfang an. Doch dann drehte Meister Petz den Kopf, sah uns herannahen und legte noch eine Schippe drauf. Uns klappten die Kinnladen nach unten. Im Handumdrehen erreichte er das Ufer, schüttelte sich kurz und verschwand im Wald.

Hm? Schnell wie ein Rennpferd, klettern wie eine Katze, schwimmen wie ein Torpedo - festzuhalten wäre also: Bären sind dem Menschen weitaus überlegen und kommen überall hin, wohin sie wollen.

Team Awesome zum Beispiel erwartete mal ein Bär an einer Hütte, in der die vier übernachten wollten. Sie hatten gerade im Schlamm festgemacht, als sich Meister Petz vor ihnen aufbaute und auf zwei Beine stellte. Hinter einem Busch lauernd, hatte er sie wahrscheinlich schon die ganze Zeit beobachtet. Mit langen Stöcken und lautem Getöse wurde er jedoch verjagt. Die Bilanz seines Besuches: eine randalierte Hütte, völlig zugemüllt, mit zerhauener Eingangstür und eine Hinterlassenschaft an Bärenkotbergen, der man ohne Übertreibung das Attribut MÄCHTIG zugutekommen lassen konnte. In dieser Hütte wollte ganz sicher niemand mehr schlafen.

Die interessanteste Reaktion auf Menschen bescherte uns eine Bärenmutter mit zwei kleinen Jungen. Steffen und ich hatten mal wieder starken Gegenwind auf dem Sklavenfluss. Team Awesome war uns vorausgefahren, deshalb paddelten wir kurzzeitig allein auf dem Wasser. Um den hohen Wellen zu entgehen, hielten wir uns bei Wind immer in Ufernähe auf. So auch diesmal, als wir die Schwarzbärenfamilie vor uns ausmachten. Die Mutter fraß, die Kinder spielten. Da der Wind unsere Duftnote von ihr weg trieb, bemerkte uns die Bärin nicht. Erst als wir schon direkt neben ihnen fuhren, sahen uns die Kleinen, liefen davon und versteckten sich hinter einem umgekippten Baum. Die Reaktion der Mutter war hierbei das Besondere. Sie sah hoch und fixierte uns mit starrem Blick. Wie festgenagelt stand sie da und schaute uns an.

Noch immer konnte sie keine Witterung aufnehmen. Ihr Blick verriet, dass sie absolut keine Ahnung hatte, was wir waren. Erst als Steffen und ich weiterpaddelten und der Wind unseren Geruch in ihre Nase trieb, schlugen die Alarmglocken und alle drei liefen eiligst davon.

Im kanadischen Herbst ernähren sich die Bären, die nicht in der Nähe der traumhaften Lachsgewässer leben, von Beeren. Ja, richtig gehört! Von Beeren! Von Blaubeeren, von Lachsbeeren, von allen Beeren, die schmecken. Das nennt man die Beerenmast. Als ich dies hörte, konnte ich mir nicht vorstellen, dass so ein großer Geselle von ein paar Beeren satt wird. Aber es geht. Bei Wanderungen durch die Tundra in Alaska sieht man eine unglaubliche Menge an Blaubeeren. Groß und saftig und im Überfluss vorhanden. Blaubeerbüsche von hier bis zum Horizont. Im Denali National Park beobachtete ich ein paar Grislys, wie sie die Blaubeerbüsche mit ihren Pranken durchfuhren und sich die saftigen Kullern regelrecht reinschaufelten. So sind sie in der Lage, mehrere Kilogramm Blaubeeren pro Tag zu verspeisen.

Bärenstark!

Die indianische Schwitzhütte

Fort Fitzgerald ist ein winziges Nest nahe der Cassette Rapids am Slave River, in dem vielleicht zehn Familien leben. Hier wohnt auch der Chief, Francois Paulette, Häuptling und Sprecher der Cree-Indianer dieser Region. Ein großer, kräftiger Mann mit starken Händen, einem rauen Gesicht und langem, schwarzem Haar. So entsprach er genau meiner Vorstellung eines Indianeroberhaupts. Wenn Kanuten in Fort Fitzgerald anlanden, ist Francois oftmals derjenige, der die Paddler samt Boot kostenlos mit seinem Transporter die 20 Kilometer bis nach Fort Smith fährt - aus reiner Freundlichkeit. Auch Steffen, Paul, Matt, Colin, Audrey und ich hatten das Glück, kurz nach unserer Ankunft von ihm aufgelesen zu werden. Er lud uns sogar in sein Haus zum Abendessen ein. Auf dem kurzen matschigen Weg dorthin kamen wir an einem leer stehenden Haus vorbei.

»Da hat ein Freund von mir gelebt. Wir fanden ihn letzte Woche tot im Bett zusammen mit seinem Gewehr. Der Alkohol hat ihn aufgefressen. Deshalb hat er sich hingelegt und von unten in den Kopf geschossen«, sagte Francois mit ernster Miene.

Viele Indianerstämme Nordamerikas haben den Großteil ihrer Traditionen verloren. Probleme mit Alkohol, Schwierigkeiten mit dem Zurechtkommen in der weißen Gesellschaft, schlichte Aussichtslosigkeit, Ausbeutung, der Verlust der Vergangenheit und der eigenen Wurzeln

– in vielen Gemeinden sieht es schlecht aus. Einige Indianer schaffen es jedoch, ein modernes Leben im Einklang mit ihren alten Traditionen zu führen. So auch Francois. In seinem ruhig gelegenen Blockhaus am Waldrand empfing uns seine Frau Leslie. Während des Abendessens erzählte Francois die Legende vom weißen Büffelkalb. Schon beim Öffnen der Haustür fiel uns auf, dass diese von einer graziösen Holzschnitzerei verziert war. Sie zeigte eine Büffelmutter und ihr weißes Kalb.

Francois begann: »Die mächtigen Büffel, die vor Jahrhunderten noch zu Millionen wie dunkle Wolken durch die Prärie streiften, wurden von uns Indianern zutiefst verehrt. Unsere ganze Kultur ist eng verbunden mit den Bisons, wie eine Art Lebensgemeinschaft. Der Bison ist die Verbindung zur Sonne. Die Weißen aber unterbrachen diese Verbindung, als sie die Büffel bis auf wenige Hundert abschlachteten. Heute hat sich die Verbindung zur Sonne durch den Schutz der Tiere in den Nationalparks langsam wieder aufgebaut. Vor vielen Jahrhunderten war die Weiße-Buffalo-Frau auf der Welt und schenkte uns den Büffel. Als sie starb, prophezeiten die Medizinmänner, sie werde in Gestalt eines weißen Büffels wiederkehren. Eine Zeit des Friedens und des Wohlstands bräche an. Im August 1994 wurde auf einer Farm in Wisconsin tatsächlich ein weißes Büffelkalb geboren, das viele Indianer verehrten, weil sie in ihm die wiedergeborene Weiße-Buffalo-Frau sahen. Auch ich glaube an das weiße Kalb. Wie es mit dem Frieden und dem Wohlstand seit jener Zeit aussieht, darüber lässt sich aber streiten.«

Bevor der spannende Abend zu spät zu werden drohte, brachte uns Francois nach Fort Smith auf den Queen Elizabeth Zeltplatz.

»Ich bin morgen Mittag wieder hier und bringe euch zum Fluss für die zweite Etappe. Bis dahin. Ach ja, ich plane für nächsten Sonntag meine traditionelle Sweat Lodge. Gäste sind herzlich willkommen. Also wenn ihr bis dahin wieder hier seid, schaut vorbei. Ihr könnt auch auf meinem Gelände zelten. Mag sein, dass ich etwas im Stress sein werde, weil ich die große Wasserkonferenz in zwei Wochen vorbereiten muss, aber das wird schon.«

Er brauste los. Eine Einladung in eine indianische Schwitzhütte, das klang nach einer einmaligen Chance, an einer spirituellen Zeremonie der Cree teilzunehmen.

Sieben Tage später in Fort Resolution, weckte uns ein Indianer mit den Worten: »Hallo! Aufstehen! Hört ihr mich? Aufstehen! Schlafen könnt ihr, wenn ihr tot seid!«

Er hatte einen sitzen, wie der junge Mann mit den großen Fischen am Abend unserer Ankunft.

»Schlafen könnt ihr, wenn ihr tot seid, versteht ihr, wenn ihr tot seid! Guckt mich an, ich schlafe nie. Das kann ich, wenn ich tot bin.«

Er wiederholte sich ständig. Zudem benahm er sich ziemlich ungehobelt. Er kroch fast in unsere Zelte. Auf seiner schwarzen Schirmmütze stand in gelben Lettern *Mike The Spike*. Also nannten wir ihn so. `Mike The Spike´ klebte uns ein langes Gespräch an die Backe, oder besser gesagt: ein langes Gestammel. Immer wieder fing er mit seiner Theorie vom Schlafen an. Mit dem, was er wirklich wollte, rückte er erst viel später heraus, nachdem er vermutlich glaubte, unser Vertrauen gewonnen zu haben.

»Hat einer von euch vielleicht zwanzig Dollar für mich? Du? Oder du? Was ist mit dir?«

»Wie bist du denn unterwegs?« fragten wir. »Weckst uns in aller Herrgottsfrühe, ziehst uns fast aus den Zelten und willst dann auch noch Geld von uns?«

Wir gaben ihm deutlich zu verstehen, dass es bei uns nichts zu holen gäbe und er doch bitte gehen solle. Das tat er dann auch.

Den vorausgegangenen Samstag hatten Paul, Matt und ich damit zugebracht, alle Autos nach Fort Resolution zu holen. Colin, Audrey und Steffen passten derweil auf die Boote und unsere Ausrüstung auf. Nachdem uns `Mike The Spike´ am heiligen Sonntag früher als gedacht aus den Federn geholt hatte, packten wir unseren Kram zusammen und machten uns abreisefertig. Wir überlegten, ob wir den immerhin nicht gerade kleinen Umweg von knapp 600 Kilometern fahren sollten, um zu Francois' Schwitzhütte zu gelangen. Das wären 300 Kilometer runter nach Fort Fitzgerald und 270 wieder hoch bis zu der Kreuzung, von der aus es dann für Colin, Paul, Matt und Audrey zurück nach Hause gehen sollte und für Steffen und mich in Richtung Yukon.

Die Entscheidung fiel uns leicht.

»Wer weiß, was wir verpassen würden. Wir werden uns sonst immer fragen: Was wäre gewesen, wenn ... ? Und die Schwitzhütte wäre der perfekte Abschluss für unser Flussabenteuer.«

Wie Recht Colin hatte. Wir hätten wirklich etwas Großartiges verpasst - eine Lebenserfahrung, etwas, wofür sich der lange Umweg zehnmal gelohnt hätte.

Francois freute sich, uns wieder zu sehen, empfing uns jedoch mit den strengen Worten: »Sollte jemand von euch die Sache nicht respektieren und Fotos machen, breche ich die ganze Geschichte ab, verstanden!? Die Männer können hier draußen bei mir bleiben. Audrey, du gehst zu den anderen Frauen ins Haus und hilfst bei der Vorbereitung des Essens!«

Das verdutzte uns. Audrey sah uns fragend an, doch wir konnten nur mit den Schultern zucken. War die Schwitzhütte vielleicht reine Männersache?

Nein, auch Audrey konnte teilnehmen.

Während die Frauen in der Küche hantierten und wir mit Francois' jüngstem Sohn Fußball spielten, reisten nach und nach immer mehr Gäste an. Zum Großteil andere Indianer aus der Umgebung.

Wie ein flacher Iglu sah die Sweat Lodge aus. Sie stand versteckt hinter einer langen Holzmauer.

»Mein Sohn hat mir neulich unser Haus auf dem Computer bei Google Earth gezeigt. Unglaublich, wie genau man dort alles sehen kann. Doch die Schwitzhütte sieht man nicht. Wo die steht, ist alles grau. Komisch nicht?«

Das runde Gerüst der heiligen Stätte bildete ein Geflecht aus gebogenen Ästen. Darüber lagen dicke Decken, die aussahen wie Federbetten. Zwei kleine Eingänge lagen sich gegenüber. Innen verbarg sich ein großes Loch in der Mitte. Am Rand befand sich eine dichte Sitzmatte aus Stroh, die einmal im Kreis herumging. Vor der uns zugewandten Öffnung thronte der riesige Schädel eines Büffels, zwischen dessen Hörnern eine lange Pfeife ruhte. Wenige Meter entfernt loderte bereits den ganzen Tag ein Feuer. Große Steine lagen darin und fingen langsam an zu glühen. Es herrschte eine eigenartige Spannung. Die Zeremonie begann. Francois kniete sich vor den Büffelkopf, nahm die Pfeife auf und stopfte sie, in Verbindung mit verschiedenen spirituellen Ritualen, mit irgendeinem Kraut. Danach legte er sie wieder vorsichtig und exakt zwischen die Hörner. Die Frauen kamen aus dem Haus. In lange Baumwollhemden gehüllt, gingen sie von rechts am Büffelkopf vorbei in die Schwitzhütte. Jetzt wir Männer. Bekleidet mit kurzen Hosen mussten auch wir rechts am toten Bison vorbei.

»Ihr dürft den Schädel niemals kreuzen! Das bringt Unglück«, sagte Francois.

Nun saßen wir mit mehreren indianischen Frauen

und Männern im Kreis und verharrten der Dinge, die da kommen würden. Francois erklärte, dass, sobald die Eingänge verschlossen wären und es absolut dunkel sei, niemand außer ihm mehr sprechen dürfe. Wir sollten keine Angst bekommen, denn manchmal gingen geheimnisvolle Dinge vor in dieser Hütte. Visionen und Geister würden uns erscheinen. Eine Person musste während der guten Stunde, die das Ganze dauerte, draußen bleiben - die helfende Hand, ein Freund von Francois. Der brachte zunächst vier glühende Steine, die der Chief in die mittlere Grube legte. Er bestreute sie mit Sweetgras, einem Gras, das hier überall wuchs. Mit dem entstehenden Qualm musste sich jeder beweihräuchern. Eine Paste wurde gereicht, welche man unter die Nase und auf die Brust schmieren sollte. Sie roch wie Hustenmedizin. Dann kamen die restlichen Steine in die Mitte. Wir konnten schnell die von ihnen ausgehende Hitze spüren. Jetzt folgte das Wasser, ein Trog voll. Dieser wurde von Francois gesegnet. Nun verschloss der Helfer die Eingänge.

Dunkelheit herrschte. Totale Dunkelheit.

»Jetzt werden wir beten«, sagte Francois. »Jeder auf die Art, wie er erzogen wurde und wie er es am besten versteht. Ich bitte die Frauen, das erste Gebet anzuführen. Danach singen wir den Eröffnungssong und ich werde zweimal aufgießen.«

Es folgten Gebete für die Natur, für alle Menschen, für Freunde und Bekannte, denen es schlecht ging, im Grunde für alle Lebewesen auf Erden. Francois schüttete Wasser auf die Steine. Heißer Dampf schlug uns entgegen. Indianische Gesänge setzten ein und füllten den dunklen Raum völlig aus. Was für eine intensive Erfahrung - die Hitze, die Dunkelheit, die Gebete und Gesänge. Nach dem ersten Lied musste sich jeder am ganzen Körper abklatschen, um sich so selbst zu segnen und die Geister der alten Vorväter in sich eindringen und heilen zu lassen. Die Eingänge öffneten sich, es wurde hell und wir konnten wieder durchatmen. Insgesamt viermal wurde diese reinigende Zeremonie wiederholt. Türen zu, Gebete, Wasserdampf, Medizinlieder, Segnung, Türen auf. Nach der dritten Runde folgte jedoch ein besonderes Ritual. Jeder bekam der Reihe nach eine Kelle Wasser gereicht. Zunächst sollten wir etwas Wasser zurück an die Erde geben, denn aus ihr stammt alles Leben. Dann trank jeder einen Schluck für seine Jugend. Man nahm eine Handvoll und reinigte sich damit das Gesicht. Den Rest gab man schließlich auch noch zur Erde. Als alle damit fertig waren, wurde die Pfeife vom Büffelkopf genommen, geheiligt, entzündet und ebenso herumgereicht. Mit der Pfeife wurde die Erde berührt, viermal gepafft und abermals die Erde berührt.

»Wer nicht raucht, hält sich die Pfeife einmal an die Stirn«, sagte der Häuptling der Cree.

In der letzten Schwitzrunde zogen sich ein Indianermann und eine ältere Indianerfrau jeweils eine große Adlerfeder von der Decke und wedelten sich damit heftig zu, während die letzte Flüssigkeit auf den heißen Steinen verdampfte. Im Nachhinein erfuhr ich, dass dadurch mehr Hitze entsteht, wodurch die Geister wiederum besser in den Körper eindringen und Heilung bringen können. Zum Schluss mussten wir alle eine volle Runde in der Sweat Lodge gehen und dann wieder genauso am Büffelkopf vorbei wie zu Beginn. Diesmal jedoch zuerst die Männer, dann die Frauen. Sichtlich benommen und beeindruckt standen wir sprachlos umher und dachten über das gerade Erlebte nach. Paul meinte plötzlich, er hätte eine Vision gehabt, verschiedene Tiere und die Vorväter gesehen. Dies konnte ich als durch und durch rational denkender Mensch nicht von mir behaupten, aber das brauchte ich auch nicht. Francois' Philosophie lautete ja: Jeder soll das Beste für sich aus der Zeremonie ziehen. Da kann man mal sehen, wie weltoffen die Religion dieses Naturvolkes ist. Und wer weiß, vielleicht hatte Paul auch nur zu kräftig an der Pfeife gezogen.

Den Höhepunkt des feierlichen Abends bildete ein großes Festessen im Haus. Nun wussten wir auch, was die Frauen so lange zu tun hatten. Karibufleisch, getrockneter Fisch, Früchte, Bannockbrot, Salate und vieles mehr standen auf dem Tisch. Was sollten wir dazu noch sagen? Nichts, einfach wirken lassen. Doch auch beim Essen war alles streng geregelt.

»Zuerst nehmen sich die Männer, danach die Frauen. Jeder darf nur so viel auf den Teller packen, wie er schafft. Ihr könnt so oft gehen, wie ihr wollt, aber müsst immer alles aufessen. Es darf nichts auf dem Teller liegen bleiben«, wurden wir ermahnt.

Mit der nötigen Zurückhaltung machten wir uns über das Büffet her. In dieser Nacht zelteten wir auf Francois' Grundstück. Zu später Stunde grillten wir Marshmallows an langen Stöcken über dem Lagerfeuer. Ich schaffte nur ein paar davon. Die Dinger sind mir eindeutig zu süß und zu klebrig. Francois verabschiedete sich frühzeitig von uns und wünschte eine gute Nacht. Er war mit den finalen Vorbereitungen der großen Wasserkonferenz beschäftigt, die am nächsten Morgen im Sport- und Kongresszentrum von Fort Smith beginnen sollte. Stammesführer aus allen Regionen und Vertreter der Industrie trafen sich, um über die zukünftige Verteilung der Wasserressourcen in Kanada zu entscheiden. Eine äußerst wichtige und bedeutende Veranstaltung.

Eine letzte Geschichte gab der Chief uns noch mit auf den Weg: »Vor Jahren traf ich ein Pärchen aus der Schweiz. Die beiden waren auf Weltreise. Sie erforschten die verschiedenen Religionen auf Erden und wollten an allen möglichen Zeremonien teilnehmen, um herauszufinden, welche die tiefgreifendste und eindrucksvollste sei. Schließlich landeten sie auch bei mir. Ich lud sie ein in meine Schwitzhütte. Nachdem sie erlebt hatten, was ihr heute erlebt habt, verabschiedeten sie sich und meinten, sie könnten jetzt nach Hause fahren.«

Bill und der Yukon

Anfang September. Die Nächte wurden allmählich kalt. Doch an kalte Temperaturen hatten wir uns längst gewöhnt. Zwei Monate waren um - zwei Monate Abenteuer mit Steffen. In der Stadt Whitehorse im und am Yukon trennten sich unsere Wege. Wie geplant besorgte sich Steffen einen Mietwagen und fuhr zurück nach Vancouver, von wo aus sein Flieger elf Tage später Richtung Heimat abheben sollte. Ich hingegen holte vom hiesigen Flughafen in Whitehorse eine langjährige Freundin aus Deutschland ab. Ulla. Sie wollte mit mir vier Wochen lang durch Alaska ziehen. Da die Zeit der großen Kanutouren nun vorbei war, verkaufte ich kurzerhand unser treues Gefährt. Es hatte Steffen und mich mehr als 800 Kilometer sicher über die kanadischen Gewässer getragen.

Ausgerechnet Freitagnachmittag, am Tag von Ullas Ankunft, streikte mein bis dato zuverlässiger GMC Van. Er sprang nicht an. Der Starter war im Eimer. Was für ein Timing. Man schleppte uns zu einer Werkstatt.

»Das können wir leider erst morgen früh erledigen«, sagte man mir.

Uns blieb nichts anderes übrig, als unser ganzes Zeug aus dem Van zu räumen und uns damit zurück zum Zeltplatz fahren zu lassen. Gut, dass wir zwei Zelte hatten. Eins für Steffen und mich und eins für Ulla, die wir ansonsten zur Eingewöhnung erst einmal im Van hätten schlafen lassen. Doch wie kamen wir nun zum Flughafen? Pünktlich um 19 Uhr sollte ihre Maschine landen. Es war halb sechs. Da Steffens Leihwagen noch nicht zur Verfügung stand, blieb uns nur der Bus.

»Jetzt aber auf zum Airport!«

Letzten Endes klappte alles. Bereits drei Stunden später saßen wir gemeinsam beim Abendbrot - zusammen mit einem 65jährigen Mann mit Hut und langem weißen Bart. Nein, das war nicht der Weihnachtsmann, das war Bill. Im Mai, die letzten Eisschollen trieben noch auf dem Fluss, war er mutterseelenallein aufgebrochen, um den 3.000 Kilometer langen Yukon River zu durchpaddeln. Erst jetzt, vier Monate später, hatte er es geschafft und war zurückgekehrt an den Ort, an dem alles begann. Der Yukon entspringt heute, wenn man es so will, in Whitehorse hinter einem Staudamm zur Energiegewinnung. Er fließt durch den gleichnamigen Bundesstaat, das Yukon Territory, weiter nach Nordwesten, dann durch ganz Alaska, bis er in der Bering See mündet.

Bill fing an zu erzählen: »Ich bin gelernter Segelschiffbauer. Hab mir mein Kanu selbst maßgerecht zusammengezimmert. Schmal genug, um schnell vorwärts zu kommen, breit genug, um genügend Proviant und Ausrüstung für die gesamte Strecke verstauen zu können. Hat wunderbar funktioniert. Jetzt bin ich wieder hier, um mein Auto abzuholen. Das steht bei einem Freund. Der ist aber gerade nicht erreichbar. Mein Kanu kommt in ein paar Tagen nach. Ich habe oben am Beringmeer den Kapitän eines Frachtkahns getroffen. Der bringt es mir hier runter. Eigentlich wollte ich es den Inuit verkaufen. Doch letztendlich konnte ich mich nicht von dem

Prachtstück trennen. Meine gesamte Ausrüstung ist noch im Boot. Nur mein Zelt habe ich dabei. Meine Frau wartet zu Hause sehnsüchtig auf mich, logisch nach so langer Abstinenz. Aber wir sind unser ganzes Leben lang durch die Welt gereist. Darum versteht sie mich und hält zu mir.«

Wir waren beeindruckt. Sich allein in so ein Abenteuer zu stürzen, in seinem Alter. Junge! Junge!

Bill sah etwas verloren und hungrig aus, als er neben uns sein Lager errichtete. Deshalb war ich zu ihm herüber gegangen und hatte gefragt, ob er mit uns zu Abend essen wolle. Mit einem dankbaren Lächeln nahm er das Angebot an.

»Ich sterbe vor Hunger. Ich hätte mir sonst etwas gekauft. Was gibt es denn?«

Eine riesige Eisenpfanne voller Spaghetti gab es. Die reichte massig für uns alle. Abenteurer helfen sich gegenseitig. So einfach ist das. Deshalb luden wir Bill am nächsten Morgen gleich noch mit zum Frühstück ein. Der heiße Kaffee ließ ihn richtig auftauen. Er berichtete weiter aus seinem Leben.

»Mein Geld habe ich mit Segelschiffen verdient. Entweder ich habe sie gebaut oder für reiche Leute über die Ozeane gesegelt. Meine Frau war immer dabei. Vor 21 Jahren haben wir uns in Südafrika niedergelassen. Doch dort mussten wir jetzt weg. Zu gefährlich. Die Gewalt nimmt zu und sie schmeißen scheinbar nach und nach alle Weißen raus. Afrika ist ein schwieriger Kontinent. Ob es dort jemals eine Lösung geben wird, weiß ich nicht. Jedenfalls sind wir wieder zurück nach Kanada gezogen, weil ich keine Lust hatte, eine Waffe zu tragen und früher oder später vielleicht noch einen Menschen erschießen zu müssen. Für uns war es relativ leicht, das Land zu verlassen. Das Schlimme ist, viele meiner Freunde haben dort ihre ganze Existenz, ihr Leben, Familie, Kinder. Für die ist es schwer auszureisen. Ich hoffe wirklich, die Situation beruhigt sich wieder.«

Eine Diskussion über den Kontinent Afrika und dessen Geschichte folgte. Später kamen wir wieder auf das Segeln zurück. Ich sagte Bill, dass mich Segelschiffe faszinieren und es das Größte wäre, über die Weltmeere zu segeln. Bill sah mich an.

»Wenn du das wirklich willst ... ich kenne da einen Schweden, den habe ich selber ausgebildet. Der kam damals zu mir und wollte mit aufs Boot. Er meinte, er wolle nichts lieber, als Seefahrer werden. Also gab ich ihm eine Chance und zeigte ihm alles. Aus ihm wurde dann einer meiner besten Leute. Der Schwede arbeitet heute noch manchmal für mich. Wenn du möchtest, frag ich ihn, ob er dich einen Monat lang mitnimmt und dir alles beibringt, was es über das Segeln zu wissen gibt.«

Ich machte große Augen und sagte: »Das wäre der Hammer!«

Mit einem Handschlag besiegelten wir den Deal. Mal sehen, was daraus wird, wenn ich bei Bill anklingle.

Bevor wir alle vereint durch die Stadt bummelten, meinen Van aus der Werkstatt abholten und Bill zufällig genau den Kumpel auf der Straße traf, der auf sein Auto aufpasste, tischte uns der Yukonpaddler noch eine aberwitzige Geschichte auf. Ich verriet ihm, dass ich ein paar Jahre zuvor für zwölf Monate in Australien war. Da fiel es ihm wie Schuppen von den Augen.

»Ob ihr es mir glaubt oder nicht, die folgende Story ist unglaublich aber wahr. Viel zu gut, um sie sich auszudenken.«

Wir sperrten die Ohren auf.

»In den 80er Jahren machte ich mit meiner Frau in Australien Urlaub. Wir waren oben in Darwin. Um ein paar Formulare ausfüllen zu lassen, ging ich zur Polizei. Als ich mich vom Offizier aus Spaß auf Französisch verabschiedete, rief dieser sofort: `Halt! Sprechen sie etwa Französisch?´

`Ein bisschen´, gab ich ihm zu verstehen. Er forderte mich auf, mit nach hinten zum Zellenblock zu kommen und führte mich zu einem Gefangenen. Der Mann saß verzweifelt auf einem Stuhl.

`Wir wissen zwar, dass er etwas getan hat, aber nicht genau was, weil hier niemand Französisch spricht.´

Ich verwies auf meine Frau, die viel besser sei als ich. Sie stammt von der Ostküste Kanadas. Dort wird vorwiegend Französisch gesprochen. Wenig später saßen der Gefangene und meine Frau sich gegenüber. Eine lange Unterhaltung begann. Fünf Polizisten und ich standen neugierig daneben. Plötzlich fing sowohl meine Frau als auch der Verhörte fürchterlich an zu weinen. Was war denn da nur Schreckliches geschehen, dass es den beiden so zu Herzen ging? Also: Der Typ kam aus Neuguinea. Er arbeitete dort als angesehener Professor an einer Universität. Vor Jahren war er aus Frankreich mit seiner Frau ausgewandert. Die beiden hatten einen achtjährigen Sohn. Der Mann besaß ein eigenes Segelboot. Er segelte leidenschaftlich gerne. Alles war in bester Ordnung. Bis er eines Tages zwei schicksalhafte Schläge einstecken musste. Zum einen verlieh er sein Boot für ein Wochenende an Freunde. Die setzten es gegen eine Klippe und zerstörten es vollkommen. Ganze 100.000,- Dollar waren dahin. Seine teure Versicherung zog sich geschickt aus der Verantwortung und wollte nicht zahlen. Ein herber Verlust. Doch nichts gegen den zweiten Schlag ins Gesicht. Seine Frau hatte genug vom Leben auf Neuguinea und verschwand auf Nimmerwiedersehen. Ihren Sohn ließ sie beim Vater. Was der arme Mann nun noch hatte, war sein Kind. Sein ein und alles. Das wurde ihm jedoch nach einem Jahr von den französischen Behörden weggenommen und der Mutter in Paris gegeben. Diese hatte einen neuen Lebensgefährten gefunden und sich das alleinige Sorgerecht erklagt. Eine eingereichte Gegenklage verlor er, da das Mutterrecht in Frankreich über allem steht. Diese Situation zerfraß den Mann langsam und ließ bei ihm da oben vermutlich eine Lampe durchbrennen. Zunächst holte er sich eine Frau von den Fidschiinseln und zeugte ein Kind mit ihr. Und als dieses geboren war, ging es richtig los. Er lieh sich für 14 Tage ein Segelboot aus - wie schon so oft, seit er sein eigenes verloren hatte. Die Charterfirma schöpfte keinen Verdacht. Man kannte den Professor bereits sehr gut. Doch das Boot sollte vorerst nicht zurückkehren. Als es nach über zwei Wochen immer noch kein Zeichen vom Professor und dessen Segler gab, schlug der Verleiher Alarm. Eine öffentliche Suchmeldung wurde herausgegeben. Radiostationen baten um Mithilfe. Hörer meldeten am Telefon, sie hätten ihn beobachtet, wie er unweit des Hafens das Segelboot hochseetauglich gemacht hätte. Das war die letzte heiße Spur. Kein Wunder, der Mann war dabei, nach Frankreich zu segeln, um seinen Sohn zu holen. Er lieferte seine neue Frau samt Kind auf Fidschi ab. Dann trat er die lange und gefährliche Reise über Australien bis nach Frankreich an. An alles hatte er gedacht, sogar den Namen des Seglers geändert. Kurz vor Darwin, an der australischen Nordküste, verabschiedete sich jedoch sein Navigationsgerät. Dies zwang ihn dazu, an Land zu gehen. Nun ist es so: Jede Besatzung, die in einen australischen Hafen einfährt, muss sich melden und bestimmte Kontrollen der Einwanderungsbehörde über sich ergehen lassen. Das kam natürlich für den leicht durchgedrehten Rebellen nicht in Frage. Deshalb ankerte er irgendwo, fuhr mit dem Schlauchboot an Land und hoffte, an eine Straße zu gelangen. Dies klappte auch. Jemand brachte ihn und das kaputte Teil zu einer Werkstatt. Die reparierte alles und er machte sich auf den Rückweg zum Boot. Dort erwartete ihn allerdings schon die australische Küstenwache. Für diesen Fall hatte er den Plan, einfach zu erzählen, er hätte nur etwas reparieren lassen müssen und wollte unnötigen Schwierigkeiten aus dem Weg gehen, um nicht zu viel Zeit zu verlieren. Das hätten ihm die Beamten damals wahrscheinlich auch abgenommen und ein Auge zugedrückt. Doch leider befand sich eine Waffe an Bord, was die Polizisten überhaupt nicht lustig fanden. So landete der Mann in Darwin in Untersuchungshaft, wo meine Frau ihm jetzt gegenübersaß und weinte. Die Sache kam groß in die Medien. Weil es so eine Herzensangelegenheit war und er alles aufs Spiel gesetzt hatte, um seinen Sohn wiederzuholen, wurde er in Frankreich und auf Neuguinea zum heimlichen Helden. Nun gab es noch ein Problem. Wer sollte das gestohlene Boot wieder nach Neuguinea segeln. Da kam ich ins Spiel. Segeln war schließlich mein Beruf. Und so brachte ich es zusammen mit meiner Frau zurück. Auf der Insel empfingen uns alle neugierig. Die meisten kannten mein Bild aus der Zeitung. Wir wurden in jede Kneipe eingeladen. Alle wollten die Geschichte hören. Das war eine Zeit! Meine Frau ist heute immer noch mit dem Burschen befreundet. Ein Happy End gab es übrigens auch. Er klagte erneut und erreichte zumindest, dass er seinen Sohn einmal im Jahr sehen durfte. Außerdem verklagte er seine alte Versicherung. Aufgrund der großen Medienpräsenz und einer gewissen Ungerechtigkeit in der Sache, musste ihm die Versicherung, die sich damals scheinheilig und trickreich aus der Affäre gezogen hatte, eine Nachzahlung im Wert des zerstörten Bootes gewähren. Davon holte er sich ein neues. Und noch besser, er arbeitete danach für die Charterfirma, der er das Segelboot gestohlen hatte. Solange bis der durch ihn entstandene Schaden vollständig bezahlt war.«

»Wow! Was für eine Geschichte!« sagten wir zu Bill.

»Wartet es ab!« antwortete der. »Das war noch nicht alles. Genau dieses Segelboot, welches ich zurücksegeln musste, wurde später vom französischen Geheimdienst DGSE gemietet. Die Agenten benutzten es, um am 10. Juli 1985 die Rainbow Warrior I ins Jenseits zu befördern. Das Flaggschiff von Greenpeace war auf dem Weg nach Französisch Polynesien, um gegen die Atomtests Frankreichs im Mururoa Atoll zu protestieren. Im Hafen von Auckland brachte der Geheimdienst zwei Sprengladungen am Rumpf der Rainbow Warrior an, die um Mitternacht explodierten. Ein Mitglied der Mannschaft fand dabei den Tod. Der Greenpeace Fotograph wollte seine Ausrüstung retten und ertrank. Um alle Beweise zu vertuschen, wurde später dann auch das kleine geschichtsträchtige Segelboot versenkt.«

Kaum zu glauben, aber angeblich wahr!

Jagdsaison in Alaska

Alaska! Wenn man in Europa lebt, scheint dieses Land unendlich weit weg. Denkt man darüber nach, fliegen einem Bilder vom ewigen Eis, von schneebedeckten Bergen und Tälern, von lachsfressenden Bären und fischenden Inuit durch den Kopf. Dass es aber auch hier einen kurzen Sommer gibt, der den Schnee zum Schmelzen bringt und die Natur erblühen lässt, kommt einem eher selten in den Sinn. Die schönste Zeit für eine Reise durch Alaska ist jedoch der Herbst. Der dauert zwar nur zwei bis drei Wochen und dann hält der Winter Einzug, doch die in dieser Zeit entstehende Farbenpracht der Tundra stellt jede andere Jahreszeit in den Schatten. Außerdem senkt sich die Zahl der Touristen auf ein erträgliches Maß. Zwischen Gletschern, Schluchten, weißen Bergen und breiten Flusstälern bildet sich ein Farbenmeer sondergleichen. Von feuerroten Büschen und Flechten über die gelb leuchtenden Blätter der Birken bis hin zum immerwährenden Grün der Nadelbäume - es scheint, als hätte jemand eine ganze Farbpalette über die Landschaft geschüttet.

So schön dieses Land auch ist, es gehört den USA. Das merkten wir bereits an der Grenze. Ulla und ich überquerten diese weit im Norden des Yukon Territory auf dem Top of the World Highway. Der Highway trägt seinen Namen zu Recht. Man fährt hoch oben auf den Kämmen der Berge entlang, auf der Spitze der Welt, über der Baumgrenze. Zu allen Seiten erstrecken sich bunte Täler und weite Gebirgszüge. Im Winter, für die längste Zeit des Jahres also, ist der Highway gesperrt. Schon von weitem konnten wir die Grenze nach Alaska erspähen. Zwei kleine grüne Hütten standen inmitten des Nichts einsam und verloren auf einem Berg. Drumherum nur flechtenbewachsene Gebirgshänge.

»Wenn wir Glück haben, winken sie uns hier oben einfach durch und machen kein großes Gewese«, sagte ich zu Ulla.

Weit gefehlt. Wir hielten vor der geöffneten Schranke an. Ein amerikanischer Grenzbeamter in Uniform kam heraus. Er war freundlich, nahm unsere Pässe unter die Lupe, sah uns mehrmals untersuchend an und fragte, ob wir Drogen oder Alkohol an Bord hätten.

Darauf entgegnete ich: »Ja selbstverständlich, ne ganze Ladung! Und etwas Anthrax. Was abhaben?«

Das sagte ich natürlich nicht.

»Nö, nur zwei Büchsen Bier haben wir dabei«, lautete meine Antwort.

»Aha! Irgendwelche Schusswaffen? Pistolen, Gewehre?« fragte der Kontrolleur.

Das war eine sehr lustige Frage, bedenkt man, dass fast jedes Kind in den USA eine Waffe besitzt und schnell mal damit rumballert.

»Nein tut uns leid, leider nicht. Vielleicht beim nächsten Mal«, hätte eigentlich die richtige Antwort sein müssen.

Wir warteten auf die Frage nach selbstgebauten Bomben, Handgranaten, Raketenwerfern, angereichertem Uran und explosiven Schuhen. Die blieb jedoch aus.

»Das erste Mal in Amerika?« kam stattdessen.

Wir bejahten.

»Dann bitte aussteigen und mit reinkommen!«

Wir schluckten beide einmal kräftig und folgten unauffällig. Der Angstschweiß begann zu laufen. Hatten wir etwas falsch gemacht? Was erwartete uns in der grünen Hütte? Eine Folterkammer? Ein Verhör der CIA oder des FBI? Falls ja, dann war es jetzt auch egal. Zu spät für eine Flucht. Schließlich hatte der Beamte unsere Ausweise. Die Tür ging auf. Schwein gehabt! Es war wirklich nur ein Grenzposten, ein ganz normaler Büroraum, allerdings ausgerüstet mit jeder Menge Technik. Unter anderem mit einem Lesegerät für Fingerabdrücke, auf das wir unsere Zeigefinger pressen mussten. Danach wurde ein digitales Foto unserer Visagen und Augen geschossen.

»So ein Mist«, dachte ich, »jetzt haben sie uns! Jetzt stehen wir auf der Liste. Von jetzt an müssen wir aufpassen, was wir sagen, sonst landen wir auf Guantánamo.«

In Erwartung der Betäubung für das Einpflanzen eines elektronischen Überwachungschips unter die Haut, wurde ich nervös. Vielleicht sollte ich doch nicht immer so viel Mist im Kino ansehen. Es gab natürlich keinen chirurgischen Eingriff. Statt einer Betäubungsspritze bekamen wir einen merkwürdigen Fragebogen in die Hand gedrückt. Adresse, Herkunft, Geburtsdatum, Grund des

Aufenthaltes ..., das war ja noch o.k., doch dann folgten Punkte, die nur ironisch gemeint sein konnten.

1. Sind Sie Mitglied einer terroristischen Organisation?
2. Liegt gegen Sie ein internationaler Haftbefehl vor?
3. Haben Sie schon mal ein Kind aus den USA entführt?
4. Besteht gegen Sie Anzeige wegen Völkermordes?
5. Sind Sie ein gesuchter Kriegsverbrecher?
6. Wurden sie schon mal aus den Staaten ausgewiesen?

Und so weiter und so fort. Das konnte doch nur ein Witz sein, oder? Fehlte nur noch die Frage: Heißen Sie in Wirklichkeit Osama oder Saddam?

»Hat irgendjemand, irgendwann bei einer dieser Fragen ernsthaft `JA´ angekreuzt?« wollte ich wissen.

»Bis jetzt noch nicht«, kam darauf zurück.

Aber genug des gemeinen Hohns und der Boshaftigkeit. Eine gute Sache hatte es, hier oben die Grenze zu überqueren: Den Stempel! Nicht irgendeinen Stempel, sondern den schönsten, der jemals meinen Reisepass zierte. Neben dem offiziellen Einreisestempel, bekommt man zusätzlich das Bild eines Karibus reingedrückt.

Poker Creek, Alaska

Ein wenig erinnerte mich das an die Bienchenstempel in der Schule, die wir in der ersten Klasse für gute Leistungen bekamen. Aber im Ernst, es ist wirklich ein schöner Stempel, der was hermacht. Für 8,- Dollar Einreisegebühr pro Person kann man das wohl auch erwarten.

Die erste Ortschaft hinter der Grenze hieß Chicken, also Huhn oder Hühnchen. Ein lustiger Wegweiser am Straßenrand wies darauf hin: *Downtown Chicken, Chicken Creek Cafe und Chicken Gas Station in 2 Meilen.*

Von dort aus ging es immer weiter ins Landesinnere. Alaskas raue Schönheit ist unbeschreiblich, Tierbegegnungen in der herbstlich bunten Tundra einmalig. Ein Flug über die riesigen Schneegebirge, eine Bootsfahrt durch die zerklüfteten Fjorde und Wanderungen zu den gewaltigen Gletschern und Eisfeldern lassen das Herz jedes Naturfreundes höher schlagen. Doch von Norden nach Süden schiebt sich ein glänzender Wurm durch die Natur, der dort gar nicht reinpasst: Die Trans-Alaska-Pipeline. Die 1.287 Kilometer lange Erdölleitung erstreckt sich von Prudhoe Bay am Nordpolarmeer bis nach Valdez, dem nördlichsten eisfreien Hafen Nordamerikas. In meinen Augen ist sie ein Schandfleck. Die Ölkatastrophe des Supertankers Exxon Valdez 1989 ist bestimmt jedem in Erinnerung geblieben. Das Schiff hatte 53 Millionen Gallonen Rohöl an Bord, die vorher durch diese Pipeline gepumpt worden waren. Die Exxon Valdez lief am Bligh Reef auf Grund und verlor 10,1 Millionen Gallonen Rohöl, die sich auf einer Fläche von rund 100 Quadratmeilen ausbreiteten.

Wir fuhren auf dem alten Denali Highway entlang. Eine Schotterpiste, die durch herrliche Bergwelten der Taiga und der alpinen Tundra führt. Ein Muss für jeden Landschaftsfotografen.

Leider breitet sich entlang des Highways Anfang September eine Spezies ungehindert aus, die Ulla und mir äußerst unangenehm erschien: Sportjäger!

Nicht einer, nicht zwei ... Hunderte! Die Jagdsaison erstreckt sich über die ersten zwei Wochen des Septembers. Lang genug, um scheinbar jeden Amerikaner, der gerne wehrlose Tiere abknallt, hoch in den Norden zu locken. In den Nationalparks sind zwar alle Tiere geschützt, aber welches Tier kennt schon die Grenzen so eines Parks. Wir dachten zuerst, wir seien in den Dreharbeiten zu einem Kriegsfilm gelandet oder auf einem Truppenübungsplatz der US-Armee. Überall sahen wir Wohnwagensiedlungen. Die Jäger, vorwiegend Männer, hatten sich für die gesamte Jagdzeit eingerichtet. Unzählige Spritkannen und riesige Anhänger standen herum. Die wurden gebraucht, um die durstigen, vierrädrigen Motorräder zu füttern und zu transportieren, die Quads, mit denen die Schießwütigen gut getarnt durch die Gegend und den Schlamm heizen. Ohne Tarnung geht natürlich nichts. Alle `Sportler´ waren von oben bis unten in Armeekleidung vermummt, wie Soldaten, die sich ungesehen durch den Wald kämpfen. Es glich einem Wunder, dass sie auf Tarnnetze über den Wohnwagen verzichteten. In jeder Ecke, lag sie auch noch so versteckt, standen `Kampflager´. Große Knarren steckten in den Satteltaschen der Quads. Auf manchen Gepäckträgern thronten die Trophäen der vorausgegangenen Jagd - zum größten Teil eindrucksvolle Elch- und Karibugeweihe. Was sind das für Menschen, die mit modernster Ausrüstung, Tarnkleidung, Nachtsichtgeräten und treffsicheren Hochleistungsgewehren losziehen, um Tiere abzuschießen, die nicht den Hauch einer Chance haben? Einfach so aus Spaß, nur um sich deren Geweihe im Wohnzimmer an die Wand zu hängen. Und so was nennen sie dann Sport. Versteht man unter Sport nicht eigentlich ein faires Kräftemessen zweier oder mehrerer Parteien ohne den Verlust von Leben? Den entfernten Diskussionen der Möchtegernkrieger konnten wir deutlich entnehmen, dass es immer nur darum ging, wer den größten hat und wer am weitesten schießen kann.

Ja! Das sind noch richtige Männer! Ballern! Ballern! Ballern! Kriegen vermutlich zu Hause ihr ˋGewehr´ nicht mehr hoch und gehen deshalb hier draußen auf die Pirsch. Ich habe nichts gegen Menschen, für die das gelegentliche Töten von Tieren eng mit der Nahrungsaufnahme verbunden ist. In einem vernünftigen Ausmaß, versteht sich. Ich bin selbst ein leidenschaftlicher Fleischesser. Das liegt in der Natur des Raubtieres Mensch, auch wenn Vegetarier das Gegenteil behaupten. Man sollte aber Grenzen ziehen. Sinnloses Pokalsammeln finde ich abstoßend.

»Fehlt nur noch, dass einer mit nem Panzer angerollt kommt«, sagte ich zu Ulla.

Kurz darauf ratterte tatsächlich ein schweres Kettenfahrzeug über den Schotter. Kein Panzer, aber ein überdimensionales Kampfquad mit einem kaugummikauenden Schützen im Sattel.

Völlig verrückt!

Aurora Borealis

Sonnenwinde schicken wellenförmig ionisierte Partikel durch das Weltall. Treffen diese Teilchen auf die Gase der Erdatmosphäre, entstehen verschiedene Farbverbindungen, die als wunderschöner und wundersamer Lichtschleier durch den Himmel tanzen oder wehen.

Aurora Borealis, das Nordlicht.

Ein helles Grün kommt am häufigsten vor. Selten zucken rote bis violette Farbspiele am Firmament entlang. Am besten ist dieses Phänomen in den langen klaren Nächten des nordischen Winters zu beobachten. In den heißen Quellen der Chena Hot Springs in Alaska verfolgten Ulla und ich ein Gespräch zweier Frauen. Obwohl, es war eher ein Monolog. Mit Badeanzug im dampfenden Außenbecken stehend, starrten die Damen, schätzungsweise um die 60 Jahre alt, in den kalten Nachthimmel.

»Siehst du dahinten die Aktivitäten, dieses leichte Licht? Es wird stärker und stärker, nicht wahr? Man kann die Aktivität eindeutig ausmachen. Siehst du es? Das ist das Nordlicht.«

Wir spähten in den Himmel. Da war kein Nordlicht. Auch die belehrte Frau nickte nur ungläubig. Die Dame, die dort Polarlichter zu sehen schien, war entweder stark beschwipst oder hatte keine Ahnung, wovon sie sprach. Alles was am Nachthimmel erschien, waren einige Schleierwolken, die vom hell scheinenden Vollmond angeleuchtet wurden. Nein, mit dem Wunder eines Nordlichts hatte dies nichts zu tun. Wenn man dieses Wunder in vollem Ausmaß zu Gesicht bekommt, glaubt man zu träumen, so fantastisch und surreal wirkt es. Hat man freie Sicht bis zum nördlichen Horizont, fängt es meistens etwas zögerlich mit leichten grünschimmernden Fäden an. Diese breiten sich langsam aus, werden immer größer und breiter und stehen schließlich als gigantische Wirbel und Strudel über einem. Je stärker der Sonnenwind, desto intensiver die Farben und Bewegungen.

Ich hätte stundenlang barfuß im Schnee stehen können, so benommen war ich, als die Lichter eines Nachts in den Northwest Territories in allen Farben umherschwirrten. In Sekundenschnelle wechselten die Formen. Es schien, als tanzten sie zu einer Melodie. Plötzlich waren sie überall. Welch vollkommene Form von Energie. Pure Science Fiction, die mir des Öfteren den Mund offen stehen ließ. Die Nordlichter und die Tierwelt Kanadas haben mich auf meiner Reise zu einem Lied inspiriert, dessen Text ich hier gern zum Besten gebe.

To The Northern Lights

*Let's take a ride
to the Northern Lights
where the wild goose is flying
and the wolf howls at night*

*where the bear cubs are playing
on the long river's shore
and that river is running
to the far, far-up north*

*Let's take a ride
to the Northern Lights
where the caribou wander
and the bald eagle cries*

*where the mighty wood buffalo
crosses giant salt plains
where the beaver is living
and the last whooping cranes*

*Let's take a ride
to the Northern Lights
where the moose graze in the water
and the stars shine so bright*

*where the trees get all the colors
that the fall has to show
where the long winter covers
nature's sleep deep with a blanket of snow*

*Let's take a ride
to the Northern Lights
let us dreamily wonder
when they dance all through the night*

*Let me show you all the beauty
that the north has to give
Let's forget all the damn duties!
Let us leave! Let us live!*

Natürlich gibt es auch die Übersetzung.
Die reimt sich nur nicht ganz so schön.

Zu den Nordlichtern

Lass uns zu den Nordlichtern reisen
wo die Wildgans fliegt
und nachts der Wolf heult

Wo die Bärenjungen
am Ufer des langen Flusses spielen
welcher weit, weit gen Norden fließt

Lass uns zu den Nordlichtern reisen
wo die Karibus ziehen
und der Weißkopfseeadler schreit

Wo der mächtige Waldbüffel
gigantische Salzebenen kreuzt
Wo der Biber lebt
und die letzten Schreikraniche

Lass uns zu den Nordlichtern reisen
wo die Elche im Wasser äsen
und die Sterne so hell leuchten

Wo die Bäume alle Farben zeigen
die der Herbst hervorbringt
Wo der lange Winter den Schlaf der Natur
tief mit einer Decke aus Schnee bedeckt

Lass uns zu den Nordlichtern reisen
Lass uns verträumt wundern
wenn sie durch die Nacht tanzen

Lass mich dir all das Schöne zeigen
was der Norden zu bieten hat
Lass uns die verdammten Pflichten vergessen!
Lass uns abhauen! Lass uns leben!

Übrigens: Mittels des untenstehenden Buchbonus-Codes kann das Lied einfach und kostenlos von der Verlagsseite runtergeladen werden.

HNT70nusTk

ISBN: 978-3-86386-667-9

Rae-Edzo

Der Schnee kam. Ich fuhr auf dem Alaska Highway durch die Rocky Mountains, als ich mich plötzlich in der tiefsten Winterlandschaft wiederfand. Von jetzt an allein, war ich unterwegs nach Rae-Edzo, der Dogrib-Indianergemeinde am Nordufer des Großen Sklavensees, in die mich Chris und Melody damals am West Coast Trail eingeladen hatten. Am Morgen hatte ich Ulla am Flughafen in Whitehorse abgeliefert und zurück nach Deutschland geschickt. Ihr Urlaub war um. Es wurde ihr sowieso langsam zu kalt. Von Whitehorse bis nach Rae-Edzo sind es über 2.000 Kilometer. Dafür plante ich drei Tage Fahrt ein. Eine Fahrt vorbei an unendlichen Wäldern - Birkenwäldern, Mischwäldern, Nadelwäldern und verbrannten Wäldern - die ganze Palette. So gut wie alle Zeltplätze und Servicestationen hatten bereits ihre Tore geschlossen und mit Fässern und Baumstämmen verbarrikadiert. Deshalb hatte ich zwei 25-Liter-Benzinkanister dabei. Plötzlich wieder ganz auf mich allein gestellt durch das weite Land zu reisen, war im ersten Moment merkwürdig. Doch die Natur zog mich schnell zurück in ihren Bann und alle Sorgen verflogen. An jenem Samstag fuhr ich von 8 Uhr früh bis abends um 10 gemütlich durch. Nur die streckenweise aufkommenden Nebel, Regen- und Schneeschauer waren anstrengend. Aber der lange Tag wurde mit dem bezaubernden Spiel der Nordlichter belohnt. Ich parkte auf einem kleinen Nebenweg des schlammigen Liard Highways und schlief im Van.

Am nächsten Morgen fuhr ein Transporter langsam an mir vorüber. Wenige Meter hinter mir stoppte er. Durch die getönten und leicht vereisten Scheiben meines GMCs sah ich, wie zwei Männer heraussprangen und in den Wald liefen. Sie fingen an, durch die Bäume zu schießen. Aufgeschreckt durch die Schüsse startete ich den Motor und machte, dass ich davonkomme. Man weiß ja nie.

Mit der kostenlosen Autofähre überquerte ich den mächtigen Mackenzie River. Obwohl viel weiter nördlich, war vom Schnee des Vortages hier nichts zu sehen. Als ich in die Gemeinde Rae-Edzo ankam, hielt ich vor der Schule, in der Chris und Melody arbeiteten. Da es nur ein großes Schulgelände gab, und auch nur eine Hauptstraße durch den Ortsteil Edzo führte, war es leicht, die richtige Adresse zu finden. Vor der Schule standen viele Autos. Ich ging in das moderne Gebäude hinein. Im Flur stehend vernahm ich Musik. Einige Indianermädchen kamen mir entgegengelaufen. Im Sekretariat fragte ich nach Chris. Als er aus der ins Hauptgebäude integrierten Sporthalle kam, war die Wiedersehensfreude groß.

»Wolf, du kommst genau richtig. Heute ist ein ganz besonderer Tag an unserer Schule. Eltern und Lehrer halten eine Konferenz über die Erziehung der Kinder ab. Komm mit!«

Wir gingen in die Sporthalle, in der unter einer Vielzahl bunt gemischter Menschen auch Melody saß. Die Musik kam von einer einheimischen Liveband, die für das Showprogramm zuständig war. Die junge Frau am Mikrofon konnte sehr gut singen. Sie war eine bekannte Interpretin in Kanada. Ihren Namen konnte ich mir leider nicht merken.

Nun war ich also tatsächlich in Rae-Edzo beziehungsweise Behchoko, wie es in der Sprache der hier heimischen First Nation heißt. Kaum zu glauben. Eine ganze Woche nutze ich hier die Gastfreundschaft von Chris und Melody aus und lernte viel über das Leben der Indianer. Rae-Edzo ist ein Doppelort mit zirka 1.900 Einwohnern. Die eigentliche Hauptsiedlung ist das Dogrib-Dorf Rae, das im Grunde nur aus einfachen Blockhütten, einer Holzkirche und einem Supermarkt besteht. Und aus roten und grauen, von Gletschern glatt geschliffenen Granitfelsen. Auf ihnen siedeln die Indianer seit Urzeiten und leben vom Fischfang. Die meisten Blockhütten stehen auf unterschiedlich langen Stelzen, die die Gebäude auf dem harten ungeraden Untergrund in der Waage halten. Über eine Brücke gelangt man ins einige Kilometer entfernte Edzo, das 1965 von der kanadischen Regierung gebaut wurde. Eine Energieversorgung, Häuser, sanitäre Anlagen, eine Schule und vieles mehr ist errichtet worden. Die Regierung war der Meinung, man könne die Indianer nicht weiterhin auf Felsen hausen lassen. Doch nur wenige Dogrib siedelten von Rae nach Edzo. Die Menschen, die seit Generationen auf den Felsen lebten, sahen nicht ein, warum sie dies jetzt ändern sollten. Deshalb leben in Edzo vorwiegend die Leute von außerhalb. Viele von ihnen sind Lehrer, wie Chris und Melody, die hier arbeiten.

Rae-Edzo steht als Teil des Tâîchô-Territoriums unter Eigenverwaltung, was einmalig ist in Kanada. Der Ort ist relativ wohlhabend, was an den Diamantenminen weit im Norden liegt, an denen die Einwohner direkt beteiligt sind. Trotzdem gibt es viele Probleme. Das Hauptproblem ist immer noch der Verlust der eigenen Vergangenheit, Kultur und Identität, hervorgerufen durch die Missachtung der indianischen Lebensgewohnheiten durch den weißen Mann. Eine Besserung scheint so schnell nicht in Sicht. Fast 70 Prozent aller Indianer Kanadas leben noch immer als Bettler im eigenen Land. Viele sind dem Alkohol erlegen. Es gibt Gewalt in Familien. Es herrscht Aussichtslosigkeit. Völlig am Ende, setzen nicht gerade wenige der Ureinwohner ihrem Leben selbst ein Ende.

Einmal fuhr ich von Edzo nach Yellowknife. Das sind ungefähr 100 Kilometer. Yellowknife ist die einzige Stadt in den Northwest Territories. Man nennt sie auch Diamond Town, wegen der Diamantenindustrie. Am Highway stand eine Anhalterin. Eine betrunkene Indianerin, das konnte ich sehen. Ich nahm sie trotzdem mit. Sie stieg ein und bedankte sich lallend vielmals dafür, dass ich sie nicht stehen lassen habe. Das tue nicht jeder. Sie wollte ebenfalls nach Yellowknife, in eine Kneipe, um sich richtig volllaufen zu lassen, was sie im Prinzip schon getan hatte.

Die Frau klagte mir ihr Leid: »Vor einer Woche habe ich zwei Kumpels verloren. Die haben sich selbst erschossen. Und jetzt kann ich nicht mehr! Ich kann nicht mehr! Am besten, man würde mir auch ne Kugel in den Kopf jagen. Alles ist verloren. Alles! Nichts ist mehr wichtig. Eigentlich könnten die uns alle einfach auslöschen, denn nichts ist von uns übrig, keine Traditionen, kein Glaube, nichts. Alle wollen jetzt nur noch große teure Trucks fahren. Aber das ist alles Scheiße. Alles was uns wichtig war, haben wir verloren. Wo ist unsere Vergangenheit? Sie haben sie uns einfach weggenommen. Wir trinken nur noch Alkohol und bringen uns selber um. Verstehst du, worüber ich rede?«

Oh ja, das verstand ich. Auch wenn die Worte von einer Betrunkenen kamen, ich verstand, worum es ging. Doch was sollte ich diesen Argumenten entgegenbringen? Mitleid? Verständnis? Das half der Frau auch nicht mehr. Also hörte ich weiter zu.

»Wir sind schon so oft mit offenen Händen auf sie zugegangen, wurden aber jedes Mal wieder mit Füßen getreten. In Wahrheit scheißen sie auf uns. Wir sind nicht wichtig. Am liebsten wäre es ihnen, sie hätten uns damals alle abgeschlachtet. Was ist denn noch übrig von uns? Guck mich an! Guck mich doch nur mal an! Ein Häufchen Elend, dem es egal ist, ob es heute oder morgen vorbeigeht. Sie haben uns alles genommen. Gier ist alles, was sie kennen. Gier und Hass.«

Wir kamen nach Yellowknife.

»Siehst du die Stadt hier? Die großkotzigen Firmen bauen sich einen Riesenpalast nach dem anderen hier hin. Einer protziger als der andere. Damit auch jeder sieht, wie viel sie aus unserem Land rausgeholt haben. Aber bauen sie auch nur eine Unterkunft für Obdachlose? Siehst du hier irgendwo auch nur die kleinste Unterkunft für Arme? Nicht eine! Deshalb ist alles egal. Scheißegal! Nichts ist mehr wichtig. Alles verloren.«

Mit diesen Worten ließ sie mich allein, um sich irgendwo den Rest zu geben.

Zurück in Edzo erzählte ich Chris und Melody davon.

Melody meinte nur: »Du hast ihr einen riesigen Gefallen getan. Hättest du sie nicht mitgenommen, wer weiß, was jetzt mit ihr wäre.«

Auch meine Gastgeber konnten ein Lied vom Elend der Indianer singen. Melody arbeitete als Bibliothekarin der Schule. Chris unterrichtete die 7. Klasse der Jungen.

»Viele der Kinder sind etwas langsamer als normal«, sagte er, »sie kommen einfach nicht so schnell mit. Manche haben schreckliche Dinge im Elternhaus erlebt, die man sich nicht vorstellen möchte. Ein Junge musste mit ansehen, wie sein Vater im Suff zum Gewehr griff und die ganze Familie erschießen wollte. Zum Zielen war er jedoch zu betrunken und durchlöcherte nur das ganze Haus. Mit solchen Schicksalen kommen manche dann zu uns in die Schule. Deshalb ist es unser Ziel, den meisten Kindern irgendwie ein Leben in halbwegs geregelten Bahnen beizubringen. Wenn sie dabei zusätzlich noch was lernen, ist das ein Riesenbonus. Viele von ihnen sind wirklich gut und aufgeschlossen, andere wiederum haben es richtig schwer.«

Die Situation der Indianer in Nordamerika erinnerte mich stark an die der Aborigines in Australien. Es gibt sehr viele Parallelen. In Down Under zum Beispiel gibt es die sogenannten `Stolen Generations´, die gestohlenen Generationen. Von 1869 bis (offiziell) 1969 wurden Aborigine-Kinder von Staat und Kirche ihren Eltern weggenommen und sollten umerzogen werden. In extra dafür eingerichteten Schulen wollte man sie an die weiße Gesellschaft anpassen. Dadurch verloren die Kinder nicht nur ihre Familien und ihre Freiheit, sondern auch ihre Wurzeln und die Verbindung zur Geschichte ihres Volkes. Diese Anpassung gab es auch in Kanada. Kinder wurden ihren Familien entrissen und in Spezialschulen gesteckt. Dort gab es Missbrauch und Gewalt. Der dadurch entstandene Schaden ist groß. Die Kinder von damals sind die Eltern und Großeltern von heute, die weder wissen, was Familie oder Elternsein bedeutet, noch wie sie mit ihren eigenen Kindern umgehen sollen. Und so zieht sich das fort. Von der Regierung wurden bzw. werden zwar Gelder zur Wiedergutmachung an die Betroffenen gezahlt, doch wie kann man ein verlorenes Leben wieder gutmachen? Ein kleiner Hoffnungsschimmer ist das 2005 beschlossene Tåîchô-Abkommen, das die Erhaltung der Kultur, Sprache und Lebensweise der vier darunter vereinten und nun eigenständig handelnden Indianergemeinden zum Ziel hat.

Die Tåîchô-Flagge, die seit 2005 die Dogrib vereint. Die Zelte repräsentieren die vier Gemeinden Behchoko (Rae-Edzo), Whati, Gameti und Wekweeti. Der eigentlich blaue Hintergrund reflektiert das weite Land der Tåîchô. Die aufgehende Sonne und der fließende Fluss visualisieren Chief Monfwis Worte: „Solange die Sonne aufgeht, der Fluss fließt und das Land sich nicht fortbewegt, wird man uns unsere Lebensweise nicht verbieten können." Der Nordstern steht für die neue Ära der Tåîchô. Sie gehen vereint in die Zukunft zum Schutz und Erhalt ihrer Sprache, Kultur und der Lebensweise kommender Generationen. Tåîchô ist der indianische Begriff für Dogrib, also Hunderippe.

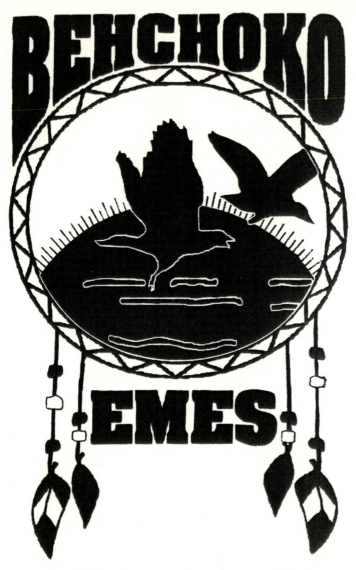

Das Symbol der Schule in Rae-Edzo beziehungsweise Behchoko

Chris schlug mir vor, mit an einer Unterrichtsstunde teilzunehmen. Die Kinder würden sich riesig darüber freuen, mal jemanden aus einem anderen Land kennen zu lernen. Und dann auch noch aus dem fernen Deutschland. Dies wäre eine willkommene Abwechslung hier oben, wo es sonst nie etwas Neues gibt und schon gar keinen Besuch. Das Angebot nahm ich gerne an. Chris hatte eine Idee.

»Morgen kommst du um 13 Uhr in die Klasse. Du sagst aber kein Wort. Die Kinder sollen dann durch Fragen herausfinden, wo du herkommst und wie du heißt. Und du darfst nur mit dem Kopf nicken beziehungsweise schütteln oder ganz kurze Antworten geben. Das wird lustig.«

»So machen wir es«, sagte ich.

Und es wurde lustig. Als ich den Klassenraum betrat, sahen mich 26 Augenpaare an wie einen Außerirdischen. Die meisten sahen recht lebendig aus. Doch ein paar Schülern konnte ich ihre Probleme ansehen. Für die schwierigsten Fälle gab es einen Extralehrer im Zimmer und einen Sonderlehrplan. Chris erklärte, dass ich ein Freund und von weit her gekommen sei, nur um die Dogrib-Kinder zu besuchen. Das fanden alle toll. Dann erklärte er ihnen das Ratespiel.

»Aber denkt daran, ihr dürft alles nur umfragen, keine direkten Fragen stellen. Nehmt euch jeder einen Zettel und schreibt eure erste Frage auf. Ich entscheide dann, ob ihr sie stellen dürft, oder nicht.«

Zunächst kamen Sachen wie: »Was hörst du für Musik?« oder »Wie alt bist Du und hast du eine Freundin?«

Die Antworten brachten sie der Lösung nicht wirklich näher.

»Welche Farbe hat eure Flagge?« ertönte aus der Ecke.

Diese Frage war schon viel geschickter.

»Schwarz, Rot, Gold«, sagte ich.

Manche schlugen sofort ihren Atlas auf und suchten alle Fahnen der Welt ab.

»Liegt dein Land in Europa?« lautete die letzte Frage, bevor sie errieten, dass ich aus Deutschland kam. Ich sollte ein paar deutsche Begriffe an die Tafel schreiben wie *Guten Tag* oder *Hallo, wie geht's?* Die Kinder mussten sie abschreiben und danach mit Buntstiften die deutsche Fahne malen. Inzwischen herrschte reichlich Trubel im Zimmer. Nun war mein Name an der Reihe. Wolf. Würden die kleinen Racker den herauskriegen?

»Mozart!« rief einer.

Als sie später bereits wussten, dass mein Name ein Tier beinhaltet und mit W anfängt, hob einer der Jungen schnipsend den Arm und rief: »Ich weiß es! Ich weiß es! Bitte, kann ich auflösen?«

Er durfte. Doch die Antwort war der Lacher des Tages.

»Und? Wie heißt unser Gast?« fragte Chris.

»Walross!«

East Hastings Street

Schlittenhunderennen wie der Yukon Quest oder das Iditarod in Kanada und Alaska sind weltberühmt. Die besten Hunde und Fahrer legen unter den widrigsten Umständen mehr als 1.500 Kilometer im Schnee zurück. Chris und Melody gaben mir die Gelegenheit, einmal echte Musher kennenzulernen. So nennen sich die Hundetrainer und Schlittenfahrer. In Yellowknife besuchten wir Warren und Kate Palfrey. Beide waren Musher mit Leib und Seele und zwei der besten Trainer Kanadas. Archäologische Funde haben bewiesen, dass Hundeschlitten bereits vor über 1.000 Jahren von den Indianern benutzt wurden. Die ersten Entdecker vertrauten auf Schlittenhunde bei der Erforschung des Nordens. Es kam sogar vor, dass Hundeschlittenteams im ersten Weltkrieg die Ausrüstung der Alliierten transportierten.

Auf die Hunde ist Verlass. Perfekt an das raue Klima angepasst, verlieren sie selbst bei schweren Schneestürmen nicht die Orientierung. Die Tiere können Hunderte Kilometer mit einer Durchschnittsgeschwindigkeit von 13 bis 19 km/h zurücklegen. Im Yukon Territory wurde das Mushing 1908 zum offiziellen Sport erklärt. Die letzte Schlittenhundpatrouille der Royal Canadian Mounted Police gab es 1969.

Warren war halber Inuit. Seine Frau Kate kam ursprünglich aus New Jersey in den USA. Beide sahen das Trainieren und Züchten von Schlittenhunden als Passion an. Während es früher üblich war, die Hunde nicht gerade mit Samthandschuhen anzufassen, traten Warren und Kate für ein tierfreundliches Training ein. Jeder Hund bekam die gleiche Zuneigung und Zuwendung. Im vor mir liegenden Kennel, wie das Ausbildungscamp heißt, befanden sich 52 ausgewachsene Schlittenhunde und die dazugehörigen 52 Hundehütten. Als Melody, Chris und ich auf den Hof fuhren, brach ein fürchterliches Gebell los. Ich habe noch nie so viele Hunde auf einmal gesehen oder bellen hören. Kate war gerade eifrig dabei, ihre Lieblinge zu füttern und die 52 herumliegenden Hundehaufen zu entsorgen. Pro Jahr vertilgten die Huskys rund 18.000 Pfund an Futter, das die Palfreys zum Teil selber herstellten und verkauften. Nicht nur von den Hunden wurden wir überschwänglich empfangen, auch Kate und Warren begrüßten uns wie alte Freunde. Chris und Melody kannten sie, aber mich nicht.

»Willst du die Hunde kennenlernen, Wolf?« fragte Kate.

Kurz darauf standen wir mittendrin.

»Das ist Diesel, das ist Cash, hier ist Dingo, da Shakti, dort Oregon ...«

Die Namensliste schien unendlich. Jeder Hund war an einer langen Leine neben seiner Hütte festgebunden. Die Leine wiederum hing freibeweglich mit einem Ende an der Spitze einer senkrecht im Boden steckenden Metallstange. So hatten die Tiere mehr Lauffreiheit. Und die nutzten sie aus. Ständig sprangen sie mir von hinten in den Rücken. Drehte ich mich um und sah sie an, taten die blauäugigen Schlitzohren jedes Mal so, als sei nichts gewesen. Andere hingegen verhielten sich eher schüchtern und guckten verängstigt. Manche ließen sich streicheln, manche nicht. Reinrassige Huskys gab es nur noch wenige.

»Die meisten sind Mischlinge«, sagte Kate.

Ich wäre zu gern mal mitgefahren auf einem Hundeschlitten, doch dazu kam es leider nicht. Kate und Warren standen etwas unter Zeitdruck. Sie hatten einen wichtigen Termin. Eine dreiviertel Stunde nahmen sie sich trotzdem Zeit für uns. Den Höhepunkt markierten sechs niedliche Welpen, die erst fünf Wochen alt waren und mich ständig anleckten.

Zurück in Edzo startete ich einen spontanen Versuch, meinen Van zu verkaufen. Vielleicht würde ja ein reicher Diamantenminenteilhaber auf das Angebot eingehen. Es meldete sich tatsächlich jemand und sah sich das Auto an. Ein altes Indianerehepaar. Leider hatte ich nur einen Schlüssel für den GMC. Dies wurde mir jetzt zum Verhängnis. Sonst hatten Steffen oder Ulla mich regelmäßig überprüfend gefragt, ob ich den Schlüssel abgezogen habe, bevor die Zentralverriegelung klick machte. Die waren nun aber nicht mehr dabei. So passierte es, dass ich, als ich den Van mit Preisschild an die Straße stellte, die Schlüssel darin einschloss. Das merkte ich natürlich erst, als die beiden Kaufinteressenten vor mir standen. Eine gemeinsame Einbruchsaktion folgte. Ich musste meinen eigenen Wagen knacken. Wir wollten gerade schweres Gerät heranschaffen, als es Chris gelang, mit einem verbogenen Kleiderbügel die Zentralverriegelung zu entsperren. Ein Glück! Nun wurde der Van unter die Lupe genommen.

»Was hat der denn für ein Radio?« wurde ich gefragt.

»Ein Kassettenradio.«

»Falls du es noch nicht mitbekommen hast, wir haben hier oben keine Kassetten mehr. Wir hören nur noch CDs. Kassetten sind out!«

Das von einem alten Indianer zu hören, war schon lustig. Nach einer 10minütigen Probefahrt befanden sie meinen 1990er Van für gut, entschieden sich jedoch dagegen.

»Nee, der ist uns doch ein wenig zu alt. Und uns stört der Geruch. Es riecht nach Zigarettenrauch.«

Die Sache mit den Zigaretten kam mir komisch vor. Keinen einzigen Glimmstengel hatten wir darin geraucht. Und die Geruchsspuren des Vorbesitzers hatte ich Monate zuvor mit Innenraumspray eliminiert. Dachte ich.

»Die Menschen hier oben haben überdurchschnittlich gute Nasen«, sagte Chris. »Die riechen alles.«

Der Versuch, den Van zu verkaufen, schlug somit fehl.

Hätte ihn jemand gekauft, wäre ich nach Vancouver geflogen. So blieb mir nur die lange Fahrt auf vier Rädern. In der Nacht vor meiner Abreise setzte in Edzo ein schweres Schneegestöber ein. Am Morgen war die ganze Gegend in eine tiefe Schneedecke gehüllt. Die weiße Pracht machte die Rückfahrt nicht leichter, schenkte mir zum Abschied jedoch eine wunderschön winterliche Nordlandschaft. Auf meinem dreitägigen Weg gen Süden sah ich Büffel im Schnee, eingeschneite Trapperhütten und einen einsamen, behäbigen Baumstachler.

Die 2.300-Kilometer-Tour war wie eine Reise durch die Jahreszeiten. Vom tiefen Schnee in den Northwest Territories, durch herbstliche Bergwälder bis ins sonnige Vancouver. Die Sonne schien allerdings nur einen Tag. Dann regnete es ständig. Ich quartierte mich bei Colin ein. Er gab in Vancouver Geigenunterricht und lebte dort zusammen mit seinem jüngeren Bruder. Zu meiner Überraschung wohnte auch Paul für ein paar Tage bei Colin. So war die Hälfte des Team Awesome wiedervereint. Paul hatte einen neuen Job als Englischlehrer in Vancouver angenommen. Bis er eine eigene Bleibe finden würde, durfte er bei Colin bleiben.

In dieser Millionenstadt jemanden zu kennen, war sehr hilfreich. Während Colin abends oft mit seinen Chören und Musikern zu tun hatte, vertrieben Paul und ich uns die Zeit im Stadtzentrum. Das internationale Kurzfilmfestival lief gerade. Dort sahen wir die eine oder andere Dokumentation. Paul war ein guter Stadtführer. Er zeigte und erklärte mir alles. Auch, dass in Vancouver nicht alles Gold ist, was glänzt.

»Das, was ich dir jetzt zeige, steht in keinem Touristenführer«, sagte er.

Zwischen all den Glitzerstraßen und Boutiquen, inmitten der Welt der Reichen und Schönen, liegt die East Hastings Street.

Als wir dort ankamen, meinte Paul: »So! Nun sieh dich mal um. Hier ist das wahre Vancouver.«

Ich traute meinen Augen nicht, als ich vor mir das trostlose Bild des Elends erblickte. Hunderte Obdachlose, Drogenopfer und Alkoholabhängige standen und saßen auf beiden Straßenseiten und gaben sich ihrem tristen Dasein hin.

Paul erklärte: »In den 90er Jahren hat die kanadische Regierung bestimmte Gelder im Gesundheitswesen gestrichen. Vorrangig geistig kranke Menschen und Drogenabhängige wurden auf die Straße gesetzt. Mit denen wollte man in den Kliniken nichts zu tun haben. Obdachlosenheime und Hilfsorganisationen mussten schließen. Und weil es hier in Vancouver auch im Winter mild ist, hat sich irgendwann das ganze Elend in der East Hastings Street gesammelt. Jetzt ist die East Hastings der Hauptzufluchtsort für obdachlose Menschen aus ganzen Regionen. Und die Stadt kann so gut wie nichts tun. Deshalb wird dieses selbstgemachte Problem geduldet. Wo sollten all die Menschen auch unterkommen, wenn ihnen ihr Staat nicht hilft? Es sind einfach zu viele.«

Paul und ich gingen die gesamte East Hastings entlang. Ein Anblick, den ich im reichen Vancouver nicht vermutet hätte. Nur zwei Straßen weiter fanden wir uns in der `heilen´ Glitzerwelt der Geschäfte und Boutiquen wieder. Ein schöner Spiegel unserer modernen Gesellschaft.

»Sie sind friedlich«, meinte Paul. »Du darfst nur keine Fotos machen, dann werden sie schnell aggressiv.«

An diesem Abend hatte ich ohnehin keine Kamera dabei. Doch ich wollte unbedingt ein paar Aufnahmen vom Elend der Straßenbewohner machen.

Wenige Tage später hatte ich meinen Van an einen Gebrauchtwagenhändler verkauft und saß am Flughafen. Die Rückreise nach Deutschland stand unmittelbar bevor. Bis zu meinem Flug blieben mir noch einige Stunden Zeit. Ich beschloss, diese zu nutzen und mit dem Bus zur East Hastings Street zu fahren. Es nieselte. Mit der Kamera unter meiner Jacke schlich ich leicht nervös zwischen den Leuten entlang. Nur zwei oder drei Bilder als Beweis hätten mir gereicht. An einer Kreuzung stellte ich mich wie ein Privatdetektiv hinter eine Straßenlaterne und holte die Kamera unauffällig hervor. Ich zoomte auf eine Gruppe Menschen und drückte ab. Dann wurde es auch gleich heikel.

Eine obdachlose Frau hatte mich entdeckt und fing aggressiv an zu brüllen: »Don't take pictures!« - «Mach hier keine Fotos!«, „Do you want us to break your camera?"

Nein, ich wollte nicht, dass sie meine Kamera kaputtmachen. Ich steckte den Fotoapparat wieder unter die Jacke und machte, dass ich zum Flughafen komme. Mit gemischten Gefühlen flog ich zurück nach Deutschland. Zum einen beeindruckt von der grandiosen kanadischen Flora und Fauna, zum anderen mit dem Wissen um die vielen menschlichen Probleme des Landes.

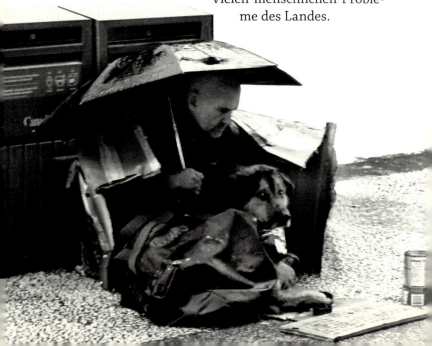

Die Überfahrt

British Columbia

Northwest Territories

Yukon Territory

Alaska

Der Autor

Wolf Stein, geboren 1977, lebt, wenn er nicht gerade in der Welt herumreist, in Deutschland. Dort arbeitet er als Autor, Produzent, Komponist und Fotograf. Ständig auf der Suche nach neuen Abenteuern und Begegnungen mit interessanten Menschen und wilden Tieren verschlägt es ihn immer wieder für lange Zeit in ferne Länder, vorzugsweise nach Australien und Kanada. Dort findet er das Futter für seine Erzählungen, Geschichten und Lieder. Aber auch die Naturschönheiten Deutschlands, wie die Wasser- und Waldlandschaften in Mecklenburg-Vorpommern, ziehen ihn regelmäßig in ihren Bann.

www.wolfslabyrinth.com
www.facebook.com/autorwolfstein

book-on-demand ... Die Chance für neue Autoren!

Besuchen Sie uns im Internet unter www.book-on-demand.de
und unter www.facebook.com/bookondemand

Bereits in unserem Verlag erschienen

Wolf Stein

Der Praktikant

Erzählung

Preis: 12,99 Euro

1. Auflage 2013
228 S., Taschenbuch, 12 x 18 cm

ISBN: 978-3-86386-534-4

Jan Becker hat die Schnauze voll vom Radio. Er kündigt seinen Job als Redakteur in Burgstadt und bewirbt sich als Praktikant im Nationalpark Seelitz in Mecklenburg-Vorpommern. Was er dort erlebt, ist ein amüsantes, spannendes, ja sogar hocherotisches Abenteuer, das sein Leben verändert. Eine überaus witzige und eindringliche Geschichte aus dem Reich von Kranich, Fischadler und Co.

Wolf Stein

100% Down Under

Ein Rucksack voller Australiengeschichten

Preis: 14,95 Euro

3., überarbeitete Auflage 2014
310 S., Taschenbuch, 14,8 x 21 cm
zahlreiche Abbildungen

ISBN: 978-3-86386-650-1

Auf den scheinbar endlosen Straßen des australischen Outbacks gibt es vor allem zwei Dinge, welche die ruhige Fahrt des gemütlich vor sich hin Reisenden jäh unterbrechen können: Lebensmüde Kängurühs, die, sobald sie vom herannahenden Fahrzeug Wind bekommen, ihren Kopf heben, dem Fahrer verdutzt in die Augen schauen und dann, anstatt einfach wegzuhüpfen ...

Zu bestellen unter **www.book-on-demand.de**

Bereits in unserem Verlag erschienen

Wolf Stein

Ich seh den Wald vor Bäumen nicht
Als Tree Planter in Kanada

Preis: 12,95 Euro

2., überarbeitete Auflage 2014
179 S., Taschenbuch, 12 x 18 cm
zahlreiche Abbildungen

ISBN: 978-3-86386-692-1

Es gibt sie noch: Die Sinnsucher, die Selbstdenker und Neugierigen – neugierig auf die Welt, in der wir leben. Wolf Stein ist einer von ihnen. Nachdem er bereits ein Jahr lang Australien durchquert und viele Monate in Kanada und Alaska verbracht hat – nun erneut ein Buch ...

Zu bestellen unter www.book-on-demand.de